Das Glück, zu sprechen, ohne zu wissen, mit wem

Autor:innen
Theater
Texte

DEUTSCHES
THEATER
BERLIN

Alexander Verlag Berlin

Inhalt

Die Autor:innentheatertage sind das Festival der Gegenwartsdramatik. Im Jahr 2022 finden sie in ihrer 25. Ausgabe statt. 25 Festivalausgaben, das sind: fast 120 neue Theaterstücke, entdeckt in 25 Wettbewerben, uraufgeführt oder szenisch präsentiert in 25 ‚Langen Nächten', zunächst am Staatstheater Hannover, dann am Thalia Theater Hamburg und seit dem Jahr 2010 am Deutschen Theater Berlin. 25 Festivals, das sind auch: prägende Begegnungen mit den Juror:innen, die die Festivals begleitet und die Gewinnertexte ausgesucht haben. Dazu: viele Dramatiker:innen und Partnertheater, die mit Uraufführungen und Koproduktionen bei den Autor:innentheatertagen zu Gast waren. 25 Festivals sind tausend Erinnerungen an emotionale Direktbegegnungen, miteinander und mit der Gegenwart.

Zum Jubiläum der Autor:innentheatertage haben wir 25 Autor:innen aus 25 Jahren gebeten, einen kurzen Text für diesen Band zu schreiben. Zusätzlich zu den 25 neuen Texten haben wir fünf Reden ausgesucht, die fünf Juror:innen jeweils zur Festivaleröffnung vorgetragen haben: die allererste Rede, geschrieben 1995 von Robin Detje, die erste „Berliner" Rede von Michael Althen, daneben die von Dea Loher, Lukas Bärfuss und Ferdinand Schmalz, die nicht nur als Juror:innen, sondern auch als Dramatiker:innen wichtig für die Autor:innentheatertage waren. Alle Texte, die Beiträge und die Reden, erzählen vom Theater, wie es ist und wie es sein könnte. Jeder Text findet seinen eigenen Ton. Es sind Geschichten vom Ich, von Krieg und Gegenwart. Aus jeweils eigener Perspektive gehen die Texte einer Frage nach, die für die Autor:innentheatertage namensgebend war: Wo verläuft der Weg zwischen Autor:in und Theater? Wo – im Wechselspiel aus Nähe und Distanz – ist der Ort, an dem sich beide begegnen?

Entstanden ist ein Buch der Vielfalt und der Verwandtschaft über Entfernungen hinweg – eine Art Festival zwischen Buchdeckeln. Allen Autor:innen, die für das Buch – und allen, die über die vergangenen Jahre hinweg für die Autor:innentheatertage geschrieben haben, gilt unser herzlicher Dank. Ulrich Khuon hat das Festival gegründet, Michael Börgerding, John von Düffel und Christa Müller haben es nach- und miteinander über viele Jahre geprägt. Die Redaktion für dieses Buch lag bei Bernd Isele, der sich seit 2018 gemeinsam mit Franziska Trinkaus um die Autor:innentheatertage kümmert. Arno Declair hat viele Festivalausgaben mit der Kamera begleitet, so dass auch seine Fotos nun erzählen können. Vom Theater, vom Glück, zu sprechen und von Momenten purer Gegenwart.

I

Ulrike Syha

25 Gründe, die für und gegen das Theater sprechen

Ulrike Syhas Theaterstück *Autofahren in Deutschland* war Teil der Autorentheatertage 2002. Im Jahr 2012 war ihr Stück *Radikale* zu den ATT eingeladen.

1)
Theater ist unverzichtbar.

2)
Theater ist absolut verzichtbar. In Anbetracht des Lebens.

3)
Der schönste Ort der Welt: hinter der Bühne während laufender Vorstellung.
Von nirgendwo sonst lässt sich so gut beobachten, dass alles immer auch eine Rückseite hat.

4)
Theatermomente 1:
Drei ältere Herren in Shakespeare-Kostümen, die Füße in Rollschuhen, rauchen und unterhalten sich in der Pause zwischen dem zweiten und dritten Akt über ihre fehlende Altersvorsorge. Konsens kann nicht hergestellt werden, die Diskussion wird hitzig. Beinahe hätte man noch den Einruf verpasst.

5)

Theatermomente 2:

Eine Schauspielerin mit bodenlangen grünen Haaren und Krallen an den Fingern öffnet das Fenster ihrer Garderobe zur Hauptverkehrsstraße. Sie ruft: „Ich bin ein Zauberwesen! Und dafür bin ich jahrelang auf die Schauspielschule gegangen, habt ihr gehört?" Es ist neun Uhr morgens. 25. Märchenvorstellung in Folge.

6)

Das Theater braucht und schätzt seine Autor:innen.

7)

Das Theater braucht und schätzt die Copy&Paste-Funktionen gängiger Textverarbeitungsprogramme vielleicht noch ein klein wenig mehr.

Strichfassungen sind aber keine Erfindung von Microsoft. Früher beinhaltete das Prozedere Kleber, Schere und eine Praktikantin, die zwei Nächte vor der Konzeptionsprobe im Kopierraum verbringen musste. Das Ergebnis war am Ende das gleiche.

8)

Autor:innen-Alltag 1:

Während der eigenen Premiere vom Ton aus zuschauen, ein paar Tabletten gegen die aufsteigende Übelkeit in der Hand, und es kommen die ersten Lacher, auch noch an den richtigen Stellen. Das beruhigt die Nerven. Aber nur kurz.

Das nächste weiße Blatt, das vor einem liegt, wird wieder genauso weiß sein wie alle Blätter davor.

9)

Autor:innen-Alltag 2:

Der Vorstellung eines eigenen Stückes beiwohnen und vor einem sitzt ein sehr großer, sehr unleidlicher Mann um die 60, der nach jeder fünften Replik wie unter Schmerzen aufstöhnt. Er sitzt da immer, egal, in welcher Stadt, egal, in welchem Jahrzehnt.

Er braucht dringend ein Schuppen-Shampoo und hat immer was einzuwenden.

10)
Theater kann Magie, aber aus Diskursgründen zweifelt es selbst
daran.

11)
Alleine geht Theater nicht. Wenn keiner mitmacht, keiner zu-
schaut, ist das kein Theater. Theater geht nur im Plural.

12)
Theater ist immer noch eine Bildungseinrichtung.
Wenn Theater nur unterhält und nicht bildet, gibt es sich schnell
eine englische Bezeichnung, damit wir es nur ja nicht mit der
hehren moralischen Anstalt verwechseln.

13)
Es soll Leute geben, die nicht ins Theater gehen. Man nennt sie
Nicht-Besucher:innen.
Wir kennen Nicht-Besucher:innen, die glauben, dass ihre Stadt
dennoch ein Theater braucht. Wir kennen Nicht-Besucher:innen,
die glauben, die Kultur liegt dem Steuerzahler (per se männlich)
nur auf der Tasche. Und solche, die glauben, dass das Theater
bloß dazu da ist, um den Steuerzahler nebst Gattin lautstark zu
beschimpfen und von der Rampe aus mit Kunstkot zu bewerfen.
Korrektur: Kunstkot kommt gar nicht so häufig im Theater vor,
wie erboste Online-Kommentare uns das glauben machen wollen.

14)
Dem Krieg gegenüber ist das Theater machtlos.

15)
Theater soll ein Ort der Begegnung sein.
Es könnte sogar ein Ort der generationenübergreifenden Begeg-
nung sein, aber das bleibt meist Utopie.
Die Studierenden im Publikum kommen mit den weißhaarigen
Abo-Gruppen nicht ins Gespräch. Mit den jungen Skater:innen
auf dem Theatervorplatz auch nicht.

Dazu müsste Theater vielleicht viel mehr Fest sein. Dann würde zwar noch immer niemand miteinander reden, aber alle hätten wenigstens ein Getränk in der Hand.

16)
Theater könnte auch intern ein Ort der generationenübergreifenden Begegnung sein, aber auch das bleibt meist Utopie.
Denn der Betrieb sehnt sich nach Jugend, nach fitnessgestählten, belastbaren Körpern und neu zu entdeckenden Hirnen und Gesichtern. Kettenrauchende Künstler:innen, die ganze Nächte in Kantinen durchzechen, gehören einer fernen Vergangenheit an, in der im Theater noch wahnsinnig viel gebrüllt wurde (auf und hinter Bühne), und alle dachten, das wäre Teil des Geschäfts.
Es geht das Gerücht um, das sei heute ganz anders.

17)
Theatermomente 3:
Die Drehtür klemmt. Der Bankräuber tritt die kaschierte Wand daneben ein und betritt die Bühne mit den improvisierten Worten: „Oha, ich habe da wohl eben gerade einen neuen Durchgang entdeckt, meine Freunde!"
Abwesender Bühnenbildner und anwesende Regieassistentin sind bestürzt, das Publikum glücklich, Netflix kann für ein paar Stunden einpacken.

18)
Wir können immer noch den Versuch wagen, auf dem Theater Geschichten zu erzählen.

19)
Das Theater selbst ist voller Geschichten.

20)
Wer am Theater arbeitet, hat einen vielseitigen Arbeitsplatz. Man kann Schafe mit dem Lastenzug zu ihrem Auftritt

transportieren, ein depressives Chamäleon im Heizungskeller auf Raumtemperatur bringen, Schwimmproben ansetzen und Turbo-Häkeln lernen. Unter anderem.
(Theater ist übrigens wirklich ein Arbeitsplatz. Das sollten wir nicht vergessen.)

21)
Theater versteht sich als Kunst, ist aber immer auch Handwerk. Handwerk ist kein Schimpfwort.

22)
Theater hält sich für schnell, ist meist jedoch unfassbar langsam, und das, obwohl es ausschließlich in der Jetzt-Zeit stattfindet.

23)
Theater ist immer politisch, auch dann, wenn es unpolitisch ist. (Hörensagen I.)

24)
Menschen weinen im Theater. (Hörensagen II.)
Im Durchschnitt beobachtet man Menschen aber eher selten dabei. Eigentlich nur während großer Benefiz-Veranstaltungen.

25)
Wir sind das Theater.

Albert Ostermaier

alles auf anfang

Albert Ostermaiers Theaterstück *Tatar Titus* war Teil der ATT 1997.
Im Jahr 2013 war das gemeinsam mit Gian Mario Cervo, Marius von
Mayenburg und Rafael Spregelburd verfasste Stück *call me god* als
Gastspiel zu sehen, ebenso wie sein Theatertext *Linke Läufer (Erster sein)*
im Jahr 2017.

die erste zeile auf
dem weissen blatt
der bühne der text
der einen körper
bekommt die sprache
lippen sie zu sprechen
die regeln zu brechen
die kostüme zu wechseln
das geschlecht kreuzt
den reim auf alles was
dir die welt war und neu
wird im werden das spiel
für den plan der nicht
aufgeht doch der vorhang
die eiserne wand die keine
vierte mehr ist das licht
dein zeichen aus der rolle zu
fallen in höhe der wolken
die so ungeheuer oben
waren bis du endlich am
boden warst und den
brettern die er dir ist um
weiter auf dem kopf
zu gehen und gegen die
mauern das kommende
zu schauen endlich

Dorian Brunz

schreien //
warum Theater

Dorian Brunz war mit seinem Theaterstück *beach house* einer der Gewinnerautor:innen der ATT 2020.

Sehen Sie dort drüben meinen besten einzigen Freund. Zweitausendeins. Letzte Reihe. Kindertheater. Das kalte Herz. Zwei Kinderkomplizen in roten, samtroten! Theatersesseln, nebeneinander. Erste Reihe die Kernigen (die trauen sich was). Dahinter die Lehrerin (die mit den Zebraleggins). Dahinter die Mädchen (die mit den Flechthaaren). Dahinter die anderen Mädchen (die mit dem schlabbrigen Toast im Ranzen). Dahinter: Die Mädchenhaften (Du und Ich) letzte Reihe kaltes Herz.

Am Rand des Horizonts springt der Vorhang auf. Theater Theater. Die zwei schönsten Wörter der Welt: als und ob. Als ob man ohne Angst wäre. Als ob Frieden herrschte. Als ob Papi heut nüchtern nachhause käme. Alsobalsobalsobalsob. Also balso. Warum kaltes Herz. Das Herz ist ja aus Stein. Ist nicht aus Eis. Nicht aus Schnee. Schweres Herz. Ja. So müsste es heißen. Das schwere Herz. Wenn es nach Dir ginge. Geht es aber nicht. Nach wem geht es. FragenFragenFragen in der kleinen Hühnerbrust. Wie holt man sie da raus.

Sehen Sie ein paar Jahre zuvor, ein paar Jahre danach, zwei Komplizen im August auf sonnensattem Schiefer liegend, bäuchlings wie die Salamander. Rücklings auf wilden Wiesen. Unter angegriffenen Kastanienbäumen, die Köpfe hinter mädchenhaften Armen verschränkt. Mit den Armen rudernd den Hügel herunterfliegend zu irgendeinem blauen See. Hören Sie die Hügelflieger. Alles nie gemacht. Trotzdem wahr. Riechen Sie nun ganz vorne an der Rampe, da wo die Welt abfällt, den Peter Munk mit seinem Steinherz in der Brust. Er hebt den rechten Arm. Nach allen Regeln der Kunst. Was hält er in der Hand. Eine Flasche aus Glas, grünem grünem! Glas. Holt langsam, aber fest entschlossen aus. Mit seinem gläsernen Mordwerkzeug in der schweren Hand. Das Opfer steht mit dem Rücken zum Mörder. Der Mörder steht bedingungslos hinter seinem Opfer und macht ihn deshalb unsichtbar. Wem gebührt der Anschlag. Was ist das Motiv. Wie lautet der Name des Opfers. Es ist ja alles vergessen. Unvergessen nur Du, mein Kinderkomplize letzte Reihe kaltes Herz. Dein fester Blick auf dem Täter, dem Opfer.

Reglos wie eingegipst als sich die gläserne Waffe auf den Anderen, den Ahnungslosen, niedersenkt wie unter Zeitlupe. Dein Mund neben mir ein großes schwarzes Loch. Augen weit aufgedehnt. Handflächen rechts und links gegen die Schläfen gepresst, unkindlich. Gedehnte Augen. Lochmund. Schläfenpresse. Ein mädchenhafter Mangajunge neben mir im roten samtroten! Theatersessel, fassungslos.

Was jetzt kommt ist unscharf und also die Wahrheit.
Überprüfen Sie es.

Jetzt hat der dicke Flaschenbauch den schutzlosen Hinterkopf des Anderen fast erreicht. Der Mord steht kurz bevor. Sekunden und ein Mensch wird bluten, fallen, sterben. Auf der Bühne herrscht noch Stille, in den Köpfen kracht schon das Geräusch von splitterndem Glas. Unaufhaltsames Elend. Man kann es im Kopf hören, ohrenbetäubend, lange bevor es eintritt. Man bleibt sitzen. Ohnmächtig. Bis an den Rand mit Scham. Einer von allen zu sein. Bis zum Kinn in Jauche, gehüllt in eine Wolke Bois d'Argent (by Dior). Sehen Sie bitte einen kurzen Moment in das entsetzte Gesicht meines Freundes, ein paar Wochen zuvor, ein paar Wochen danach. Als die Lehrerin mit ihrer tiefen schönen Zebrastimme unter Einsatz aller pädagogischen Register vom Brudermord berichtet. Schmecken Sie den Geruch, den sie verströmt, wenn sie durch die Tischreihen trabt. Zirbenholz. Im Nachhinein. Damals einfach der Geruch von Lehrerin. Alle mal hergehört. Kain tötet Abel. Kain bekommt ein Kind. Abel bekommt nichts. Zu wenig Zeit gehabt. Pause.

Hören Sie ihn jetzt?
Den Schrei.

Ja, ich bin auch sehr erschrocken.

Ein spitzer mädchenhafter Schrei. Ein Schrei in letzter Sekunde. Ein hoher Schrei aus tiefster Tiefe. Ein Schrei mitten in die Mörderstille rein. Dein Schrei. Ja nein, es ist ja ganz eindeutig. Es ist die Stimme meines besten Freundes. Mehr Verzweiflung als Warnung. Kein Wort. Kein Halt. Kein Nein. Nur Schrei. Universalsprache. Für alle Welt verständlich. Verschollen die Mahnungen der Lehrerin. *Sitzen. Zusehen. Und zwar in aller Ruhe.*

Spüren Sie, wie sich der Schrei meines Komplizen bahnbricht. Über unseren Köpfen detoniert. Spüren Sie die Druckwelle. Schauen Sie wie der Schrei Fahrt aufnimmt. In einem Affenzahn durch den Saal saust. Unter den Sitzreihen hindurch. Die Füße der Kernigen anhebt, der Lehrerin, der Mädchen, der anderen Mädchen. Wie er endlich die Rampe erreicht. Und von dort mit seiner ganzen Kraft gegen den Rücken des Attentäters donnert. Peter Munk hält inne wie einstudiert. Dreht sich um. Die Kernigen in der ersten Reihe zittern wie verschreckte Kaninchen. Dabei gilt es doch zu lachen, laut!, nach so einem mädchenhaften Schrei. Haben sie ihre Rollen verlernt. Warum will ihnen das verdammte Lachen jetzt nicht mehr aus den kernigen Mündern brechen.

Erkennen Sie noch irgendwas?
Ja nein, ich weiß. Das Bild wird an dieser Stelle schartig. Zerkratzt bis zur Uneindeutigkeit. Tut mir leid. Das ist Absicht.

Erahnen Sie, wie der Attentäter mit dem Schrei in seinem Rücken den Blick meines Freundes empfängt. Sehen Sie, wie er die gläserne Waffe sinken lässt. Kein Blut fließt in Strömen. Das Opfer bleibt aus. Niemand stirbt.

Sie werden womöglich sagen. Als ob. Als ob so ein spitzer Mädchenschrei. Aus so einem mädchenhaften Komplizen. Als ob nicht alles von vornherein geplant, angeordnet, berechnet. Ja nein. Eher unmöglich. Als ob Bruchstücke, so halb vergessene, irgendetwas. Als ob so unscheinbare Dinge auch nur irgendetwas – Ach komm. Als ob.

Lücken

**Für Oksana, mit der ich
in Kyiv verabredet war,
dann kam alles anders.**

Anne Habermehls Theaterstück *Letztes Territorium* war eines der
Gewinnerstücke der ATT 2008. Ihr Stück *Narbengelände* war 2011, ihr
Theatertext *Luft aus Stein* 2013 bei den ATT zu sehen.

I Schreiben eins

Sie hält die Hände ausgebreitet wie ein aufgeklapptes Buch

Wissen Sie. Das was geschieht ist das

Sie klappt die Hände zu

Von einer auf die andere Sekunde. Das ist nicht zu begreifen. Das ist was mit dem Leben geschieht

2 MAUS

Die Maus war in unserer Küche gewesen/ Wir entdeckten sie eines Morgens/ Sie aß die Brotkrümel/ Sie sah uns in aller Ruhe an/ Die Diskussion zur Art der Falle wurde schnell grundsätzlich/ Es gab von beiden Seiten viele Argumente/ Am Ende wurden die untersten Schubladen gezogen/ Ihr seid Nazis schrie mein Bruder und knallte die Tür/ Die Pubertät sagte meine Mutter/ Ein Generationenkonflikt sagte ich/ Meine Güte sagte meine Mutter nur Klugscheißer in dieser Familie/ Es ist eine dumme kleine Maus/ Die den Kyiver Müll frisst/ Am Ende entschied das Los/ Für eine Lebendfalle/ Meine Mutter seufzte/ Die Maus kroch zutraulich hinein/ Wir setzten sie drei Straßen weiter unter einem Baum aus/ Meine Mutter blieb der Aktion aus Protest fern

Kurz vor der Grenze nach Ungarn begann mein Bruder zu kreischen/ Mein Gott schrie meine Mutter/ Was schreist du denn so/ Die Maus flüsterte mein Bruder/ Was/ Da ist die Maus/ In der Tasche mit dem Essen/ Er hielt zum Beweis die Tasche hoch/ Was machen wir denn jetzt/ Sollen wir sie mit über die Grenze nehmen/ Es gab dieses Mal keine Diskussion/ Es gab das Gegenteil/ Es gab dieses Mal eine lange Stille/ Die Maus wurde mit über die Grenze genommen/ Sie wurde mit Wassertropfen und Krümeln versorgt/ Bei jedem Schlagloch und jeder zu hart ausgefallenen Bremsung wurde von allen ehemaligen Konfliktparteien paranoid nach dem Befinden der Maus gefragt/ Mein Vater ein ohnehin schon unerträglich defensiver Fahrer fuhr noch defensiver/ Mein Bruder starrte in die Tasche/ Eine Maus auf der Flucht/ Ein Ding der Unmöglichkeit/ Wie hat sie das gemacht/ Es muss eine Lücke gegeben haben/ Eine Lücke in der Logik der Ereignisse/ Die Maus sah uns in aller Ruhe an/ Vielleicht gibt es auch in einem unlösbaren Krieg irgendwo eine Lücke/ Einen Ausweg den niemand erahnt/ Vielleicht nach einem schlechten Essen und einer schlaflosen Nacht die Entscheidung aus China zu vermitteln/ Vielleicht eine Mücke an der Putin erstickt/ Vielleicht eine Lücke die der Teufel lässt

In der Nacht nahmen wir in Budapest zwei Zimmer in einem Motel/
Der Mann am Empfang durchblätterte mit großem Interesse unsere
Pässe/ So viele Ukrainer heute sagte er/ Habt ihr eine Konferenz hier

3 MÄRZ 2022

Ich sitze einer jungen Frau gegenüber, die nach gelungener Flucht
morgen zurück in die Ukraine fährt, um sich dem Widerstands-
kampf anzuschließen. Ihre kleine Tochter lässt sie hier zurück. Bei
einer Solidaritätsveranstaltung wird auf der großen Bühne eines
sehr großen Stadttheaters um Spenden gebeten, unter anderem, auf
Wunsch der anwesenden ukrainischen Künstler*innen, um Spenden für das ukrainische Militär. Die Außenministerin hat das blaue
Cocktailkleid gegen einen Kriegshelm eingetauscht und faselt in
einer von einem acht Jahre lang andauernden Krieg völlig zerstörten
Zone von Frieden. Ein in Serbien geborener Securitymann erklärt
mir die Situation so: stell dir vor, da ist dein Nachbar. Und der geht
immer weiter einen Schritt in deinen Garten (er geht immer weiter
einen Schritt auf mich zu). Und sagt, das ist meins. Und dann steht
er plötzlich vor deiner Haustür (seine Nase stößt jetzt fast an meine).
Das ist, was die NATO gemacht hat. Mein Bekannter aus Lwiw sagt:
es gab in unserem Land eine Unfähigkeit Träume zu formulieren.
Eine junge in Belarus geborene Münchnerin sagt: ich verstehe eure
Erschütterung nicht, habt ihr ernsthaft geglaubt, dass dieser Mann,
der Homosexualität mit Pädophilie gleichsetzt, nicht zu so etwas in
der Lage ist? Ihr habt doch weiter mit ihm Geschäfte gemacht. Der
ewige Krieg im Donbass hat uns verändert, sagte Natalia Voroshbit
im November 2021, er hat die Kunst zur Gefangenen des Realismus
gemacht.
Die Tage werden das Ende aller Illusionen genannt. Welcher genau?

Während Geschichte geschieht, verschwinden Geschichten. Das ist unheimlich. Eine zerstörte Stadt ist etwas sehr Aufdringliches. Die einzelnen Menschen und ihre Geschichten, das Zerbrechen von Hoffnung, ist etwas sehr Unaufdringliches. Es taucht in den Geschichtsbüchern nicht auf. Die Bomben und Granaten schaffen leere Flächen der Sprache. Nach den Einschlägen tritt eine Art Störbild ein. Es wird dann dort nichts mehr gesagt. Es wird darüber dann auch nichts mehr erzählt. Ich denke an eine sehr alte Frau, mit der ich über ihre Erlebnisse im Zweiten Weltkrieg gesprochen habe, sie erzählte zwei Stunden und stand da wie an die Wand genagelt. Sie stand, fast sieben Jahrzehnte danach, immer noch mit dem Rücken an der Wand. Das Störbild ist ein Riss in der Zeit, es ist auch eine Lücke. Man kann in diese Lücke hineinschreiben. In dieser Lücke kann man das Schwerwiegende finden, das Ungesagte hören, die Überheblichkeit befragen, man kann Seelenforensik betreiben. Und dann kann man vielleicht in der Rekonstruktion der blinden Flecken eine neue Illusion herstellen. Es ist nicht richtig, dass sich Geschichte wiederholt, denn die einzelnen Geschichten wiederholen sich nicht.

4 SCHREIBEN ZWEI

– I planned to come to Kyiv. To make a research for my new play. I booked it in February.

– Lucky girl. Now Ukraine comes to you.

– My flight should have been next Monday. On 26th of February Lufthansa sent me an email that my flight is cancelled.

– Maybe you should be careful with your coming holiday plans.

Sie ist jetzt bei Freunden untergebracht, nicht weit von dem Ort, in dem ich lebe. Bevor ich in den Regionalexpress steige, hält sie mir ihren blauen Pass hin, hier, damit kannst du umsonst fahren, ich hab zwei

Lukas Bärfuss

Vom Wir und vom Uns.
Eine Rede (2021)

Liebe Freundinnen und liebe Freunde,
vielen Dank für diese Gelegenheit,
vielen Dank dem Deutschen Theater,
vielen Dank all den Menschen,
die dies hier heute möglich gemacht haben.

Vor einiger Zeit,
es war in den Tagen zwischen Sommer und Herbst,
brachte der Postbote fünf Pakete.
Drei davon groß,
eines sehr groß,
mehr als fünfundzwanzig Kilo schwer,
und mit den anderen,
den kleineren,
die nicht klein waren,
wogen die Pakete zusammen
wohl um die sechzig Kilogramm.

Die Pakete waren gefüllt mit Papier,
mit beschriebenem Papier,
zehntausend Seiten oder mehr,
beschrieben in einer besonderen Manier,
in einer alten Weise,
mit Worten für das Theater,
für Schauspielerinnen und für Schauspieler,
für das Sprechen der Masken,
für die Chöre und für die Sänger,

zweihundertzwanzig Theaterstücke,
geschrieben in unseren Tagen,
vor ein paar Monaten oder Jahren,
zweihundertzwölf Theaterdichterinnen und Theaterdichter,
aus Berlin, aus Hamburg, aus München, aus Frankfurt, aus Graz,
aus Zürich, aus Wien und aus vielen Orten
und mit vielen Geschichten.

Und alle hatten sich eines Tages,
an einen Tisch gesetzt,
mit Papier und Stift,
mit dem Computer und
manche sogar mit einer Schreibmaschine,
und alle hatten sich einer Aufgabe gestellt,
einen Traum erzählt,
ein Problem dargelegt,
mit dieser bestimmten Methode,
die schon einige Jahre auf dem Buckel hat,
die seit zweieinhalbtausend Jahren belegt ist,
von der wir wissen,
dass sie in der einen oder anderen Form,
in jeder menschlichen Gesellschaft bekannt ist.

Man wird verstehen,
dass bei der Massivität des Materials,
bei sechzig Kilogramm Papier,
sich die Frage aufdrängt,
was um Himmelswillen
der gemeinsame Impuls ist,
was all die Menschen dazu bringt,
einen Teil ihrer Lebenszeit dieser Sache zu widmen,
und eben ein Stück zu schreiben,
was selbst in normalen Zeiten
irgendwie erklärungsbedürftig ist.
In normalen Zeiten will heißen,

wenn die Theater geöffnet sind
und auf den Bühnen gespielt wird,
erklärungsbedürftig umso mehr,
da hier der Einsendeschluss
mitten in den coronabedingten
Bewegungs- und Zugangsbeschränkungen lag.

Obwohl es in jener Zeit kein Theater gab,
hatten sich zweihundertzwölf Menschen hingesetzt,
um an ihren Stücken die letzten Korrekturen anzubringen.
Sie stellten noch einmal eine Szene um,
strichen hier
und fügten da hinzu,
brachten alles in eine Form,
druckten, kopierten, schrieben einen Brief,
steckten alles in einen Umschlag,
und schickten ihr Werk an eine Jury,
an unbekannte Menschen,
zur Lektüre.

Man muss das nicht überbewerten.
Menschen haben manche besondere Eigenschaft
und pflegen seltsame Gewohnheiten.
Aber vielleicht ist hier und heute doch einmal Gelegenheit,
sich einige grundsätzliche Fragen zu stellen,
zu dieser Kunst,
zum Stückeschreiben,
zum Theater.

Vielleicht, und das scheint mir wichtig,
darf ich zuerst erwähnen,
dass die 212 Stücke allesamt ernstzunehmende Beiträge waren.

Gebaut, formuliert, die Schreibenden wussten,
was sie machten, sie verstanden ihr Handwerk,

Dramaturgie und Figuren und Szenenaufbau,
das war nicht immer geglückt, natürlich nicht,
aber es war in jedem Fall versucht, studiert, entwickelt.

Die äußere Gestalt der Stücke war sehr verschieden,
und man hat mich schon gefragt,
ob ich nach der Lektüre dieser 212 Stücke
eine Tendenz erkennen könne,
einen Stoff oder eine Form,
eine Mode, aber nein:

Jedes Stück war anders, einzigartig,
Ausdruck einer persönlichen Erfahrung.

Und doch verband sie alle etwas,
alleine durch die Tatsache,
dass sie geschrieben worden waren,
geschöpft, dem Chaos entrissen, und jetzt in der Welt.

Aber was war der Impuls, woher der Funke,
der dies alles ins Werk setzte,
diesen Abend hier,
die Aufführungen,
das Theater?
Zu welchem Zwecke, Behufe, mit welchem Ziel,
welcher Absicht,
welcher Hoffnung,
welcher Furcht,
welchem Ehrgeiz,
wird an diese alte Form geglaubt?

Ihr werdet verstehen,
dass ich auf diese Fragen nur eine Antwort finde
durch mich,
da ja auch ich,

seit geraumer Zeit mich dieser Disziplin widme,
also Stücke schreibe,
immer und immer wieder mich versuche,
seit fünfundzwanzig Jahren,
in einer Weise,
die einer gewissen Hingabe,
oder wenn Ihr so wollt,
einer gewissen Obsession,
nicht entbehren kann.
Bei fünfunddreißig uraufgeführten Stücken
muss man sich doch selbst die Frage gefallen lassen: Wozu?
Warum?

Ich könnte natürlich
mich zufrieden geben
mit der Antwort:
Ich und die 212, wir tun es,
weil wir es tun,
und damit Schluss und Punkt.

Aber so sind die Verhältnisse nicht,
so sind die Zeiten nicht.

Wer Theater macht, befragt sich.
Befragt sich selbst.
Befragt die Gesellschaft.
Befragt die Welt,
in der er lebt,
befragt die Kunst,
befragt die Arbeit,
befragt die Sprache.

Und dies
ist vielleicht die erste Definition,
der erste Grund,
weshalb eine Dichterin, ein Dichter fürs Theater schreibt.

Weil man eine Frage hat.

Und gerade in diesen Tagen
werden die Fragen drängender.
Wie wollen wir arbeiten?
In welchen Strukturen,
in welchen Abhängigkeiten?
Viele sind unzufrieden,
und viele fürchten sich
vor der Wut der vielen Unzufriedenen.

Es sind,
im Guten wie im Schlechten,
keine ruhigen Zeiten.

Das Theater,
so wie ich es erlebe,
ist eine Institution des Traums,
der Möglichkeiten,
der Verwandlung,
aber diese Metamorphosen,
der Existenz geschuldet,
erlösen manchmal,
zerstören auch,
schmerzen,
in dem sie Neues schaffen.

Die Veränderung,
die Zeit, die durch uns geht,
ist dem Theater eingeschrieben.
Wir werden gemeinsam älter.
Und auch das ist einer der Gründe,
die mich immer wieder seine Nähe
und seine Menschen suchen lassen.

Und ich habe es,
weiß der Himmel,
immer wieder verflucht.
Mich verflucht,
weil ich mich verpflichtet hatte,
ein Stück zu schreiben,
und ich nicht die geringste Ahnung hatte,
wie das gehen könnte.

Und ich sass einmal,
nicht weit von hier,
nicht weit von dieser Bühne des Deutschen Theaters,
in einer dieser Gästewohnungen.
Es war der Sommer,
als Michael Jackson starb.
Die Proben liefen
und wir hatten kein Stück.
Wir hatten Texte,
ein paar Dialoge,
Fragmente,
aber wir hatten kein Stück.
Ich hatte kein Stück,
und es waren Vorproben,
und dann kam der Sommer,
die Pause zwischen den Spielzeiten,
aber ich hatte keine Pause.
Durch den Sommer musste ich schreiben,
und mit jedem Tag hatte ich immer weniger Ahnung.
Dann kam der Herbst,
die Endproben,
und dann kam die Premiere,
und alles wurde gut,
das Theater hat mich gerettet,
uns alle,
aber hat uns allen vorher wehgetan.

Das Stück übrigens,
war bei der Premiere nicht fertig.
Kein Stück ist jemals fertig,
ein Stück ist niemals vollendet,
ein Stück bleibt vorläufig,
für alle Zeiten.

Nur deshalb spielen wir die Texte,
die vor zweihundert oder zweitausend Jahren geschrieben
wurden,
weil sie niemals fertig sind,
weil wir mit ihnen
niemals fertig werden.

Wer fürs Theater schreibt,
der schreibt nicht für die Vollendung.

Wer fürs Theater schreibt,
sucht für sein Stück ein Gegenüber.
Eine Leserin,
einen Dramaturgen,
eine Schauspielerin,
eine Regisseurin,
das Publikum,
einen Menschen,
einen Menschen mit feinen Ohren
und einem offenen Herzen.
Sie alle sollen das Stück weiterschreiben,
weiterdenken,
dem Endgültigen entreißen,
der Vollendung.

Wer kann das von sich behaupten,
dass er an etwas schaffe,
das niemals vollendet sein wird?

Sehen Sie:
In meinen Werken hat man herumgefummelt,
man hat sie betatscht,
man sie in den Mund genommen und wieder ausgespuckt.
Man hat sie am Rumpf beschnitten,
man hat sie in kleine Teile zerlegt
und neu zusammengesetzt.

Im Einzelnen war mir das immer unangenehm
oder, um es genau zu sein,
es war mir peinlich.

Ich schämte mich für diese Operationen.
Wenn jemand kommt,
eine Dramaturgin, der Regisseur selbst,
und meint:

„Du wirst verstehen,
hier mussten wir ran,
da mussten wir noch einmal drüber,
mit Besteck und radikal,
weil das geht so ja nicht.
Ich hoffe,
das ist ok für dich."

Tja,
in der Regel ist es nicht ok,
weil es natürlich den Stolz verletzt.

Welchen Stolz?

Den einfachen, den schöpferischen, den kindlichen Stolz.

Stell dir vor,
du machst eine Zeichnung

und rennst zu Mutti oder Vati oder zu einem Freund
und der oder die sagt:
„Ganz toll!"
Und nimmt dann Stift und Schere
und macht aus deinem Wisch,
ja, was denn eigentlich?

Was ich schrieb,
das hat nie genügt.
Es war unvollständig,
oder fehlerhaft,
oder übertrieben.

Und deshalb brauchte es Eingriffe,
um das Material
passend zu machen
für die Zwecke,
denen es zu dienen hatte.

Und jetzt mag man weinen,
und man mag als Theaterdichter klagen:

„Was erlaubt ihr euch eigentlich?
Was glaubt ihr, was ihr seid, hier einfach rumzupfuschen?"

Man will, und das ist ja redlich,
und es ist ganz natürlich,
man will schützen, verteidigen, behüten,
das Kunstwerk,
das Kind,
die Schöpfung.

Aber vielleicht
geht der Theaterdichter oder die -dichterin
dann eines Tages

auf eine Probe,
also ins Theater.
Und was sieht man da?
Und was erlebt man da?

Dass Theater keine Gnade kennt,
mit ihm nicht,
mit dem Stück nicht,
mit nichts und niemandem.

Gerade heute
würde Antonin Artaud
einhundertfünfundzwanzig Jahre alt.
Und was er vorgeschlagen hat,
ein Theater der Grausamkeit,
das ist ein Oxymoron.

Theater ist immer grausam.
Für alle und für jeden.

Denn
wie es der Theaterdichterin
oder dem Theaterdichter ergangen ist,
wie es ihm und seinem Werk
ergangen ist,
angefasst zu werden,
auseinandergenommen,
kritisiert,
so ergeht es allem.

Du kommst mit einem Entwurf fürs Bühnenbild?
Nun, genau das ist und bleibt es:
ein Entwurf.
Da und dort und hier und da,
wird immer noch etwas zu richten sein.

Du kommst mit deinen Kostümen?
Aber das geht so ja nicht!
Da musst du noch mal ran!

Da diese Knöpfe, das geht gar nicht.
Und warum versuchst du es nicht mal mit Hüten?
Mit was?
Mit Hüten.
Mit Hüten?
Klar, versuch doch mal was mit Hüten.

Theater ist keine Fiktion,
in keinster Weise,
Theater ist Wirklichkeit,
ein Ereignis in Zeit und Raum,
und wer es nicht glaubt,
der soll mal eine Schauspielerin fragen,
oder einen Schauspieler.

Die Dichterin schreibt,
und die Bühnenbildnerin baut,
und wer Kostüme schneidert,
hat Stoff und Faden.

Die Schauspielerinnen
und die Schauspieler aber,
die haben ihre Stimmen,
ihre Augen, ihre Beine, Arme,
ihre Münder und die Haare.

Das alles wird betrachtet,
das alles wird angefasst.

Mach das mal lauter.
Nein, nicht so laut!

Ich mag das Schlagen,
aber wenn du schlägst,
dann schlag doch bitte richtig,
zieh durch, hau drauf,
aber pass auf,
dass es nicht weh tut.

Du musst näher ran,
und lass die Hände unten.

Geht das nicht auf allen Vieren?

Ich soll auf alle Vieren?

Oder in den Handstand?

Aber dann kann ich nicht mehr singen.

Warum nicht?

Im Handstand singen, wie soll das gehen?

Versuch's doch mal.

So?

Toll.
Geht doch.
Aber was sind das für Hüte?

Die Hüte?

Woher kommen diese Hüte?

Die Hüte?

Ja, klar, die Hüte.

Was ist damit?

Das geht gar nicht.

Die Hüte gehen nicht?

Ne, geht gar nicht, sieht man doch, die Hüte müssen weg.

Am Theater
wollen alle berühren.
Und das geht halt nicht,
wenn man sich selbst nicht berühren lässt.

Alles wird befummelt,
alles wird angefasst,
zurecht gezurrt.

Sag mal,
hörst du eigentlich,
was du gerade sagst?

Ja, ich weiß.

Theater ist eine Zumutung,
eine Anmaßung,
Theater ist gefährlich.

Jeder Mensch
hat das Recht auf Integrität,
ein Recht auf seine Grenzen,
ein Recht auf Schutz,
ein Recht auf Unversehrtheit.

Und jedes dieser Rechte
stellt das Theater in Frage.

Berührung
ist ein Vorgang
zwischen zwei Elementen.

Zwischen einer Welt und einem Menschen,
zwischen zwei Menschen,
zwei Gedanken,
einem Gedanken und der Welt.

Zwei Arme.
Zwei Hände.
Mindestens.

Klar:
es gibt die Möglichkeit,
sich selbst zu berühren.
Eine feine Sache,
heilsam und wunderschön,
niemals eine Sünde,
aber eben auch niemals Theater.

Was machen wir mit einer Kunst,
die alles berührt,
wenn wir doch wissen,
dass nicht alles berührt werden will,
und also der Missbrauch immer lauert?

Theater ist bis heute nicht demokratisch,
nicht alle sind gleichberechtigt,
und nicht jede Stimme wiegt gleich schwer.

Theater ist auch deshalb gefährlich,

weil es nicht nur über die Macht spricht,
sie nicht nur kritisiert,
nein, das Theater bedient sich selbst der Macht.

Aber sagt mal:
Ihr habt bestimmt die Stücke gelesen,
von Shakespeare, von Sophokles,
und die von der Fleisser und von der Jelinek.

Und jetzt sagt mal:
In welchen von all diesen Stücken
kann eine Königin Königin bleiben?
Welcher König behält seine Krone,
und wer seinen Thron?

Ein solches Stück kenne ich nicht.

Was oben ist,
muss runter.
Und erst was unten war,
kann irgendwann wieder hoch.

Das Starke ist schwach,
und nur das Schwache hat die wirkliche Stärke.

Das erzählen uns die Dichterinnen und die Dichter.

Jede Macht steht unter Vorbehalt und jede Macht muss fallen.

Wenn wir die Analogie zu einem Schiff bemühen,
dann wird auf diesem Schiff
der Kapitän das Steuer nur so lange in der Hand haben,
bis ihn die Mannschaft über Bord wirft.
Und natürlich, auch ohne alten Kapitän,
braucht das Schiff eine Richtung.

denn gleichzeitig in den Norden
und in den Süden zu segeln,
das geht halt nicht.

Und wenn auf diesem Schiff
der Mensch auf der Bramstenge
das Bramsegel nicht refft und das Schiff
deshalb krängt,
dann mag der Kapitän schreien und drohen,
aber gerefft ist auf der Bramstenge
das Bramsegel halt eben trotzdem noch nicht.

Die wirkliche Macht am Theater ist ziemlich gerecht verteilt.

Wie?
Hast du nicht gerade das Gegenteil behauptet?

Ja, aber es stimmt eben beides.

Geh mal in eine Vorstellung
und red mit dem Huster in der dritten Reihe,
der kurz vor der Pause die filigranste Szene des Abends
mit seinem Auswurf ruiniert hat.

Oder frag dich mal,
was mit deiner total tollen Regieidee geschieht,
wenn die Beleuchtungsloge nicht besetzt ist.

Macht und Kontrolle sind nicht immer in derselben Hand,
doch nach all den Jahren
ist doch Theater immer noch ein Spiel.

Ein Spiel aber erfüllt sich im Konjunktiv:
Stell dir vor,
du wärst jetzt,

und würdest jetzt sagen,
und ich wär nicht,
was ich bin,
sondern ich wär ganz anders.

Das ist die Freiheit,
die dieses Spiel ermöglicht.

Aber jedes Spiel,
jedes,
damit es stattfinden kann,
braucht ein paar Regeln.

Was ist das denn, eine Regel?

Eine Regel muss allen bekannt sein,
und alle haben sich daran zu halten.

Eine Regel gilt.

Eine Regel
darf und soll geändert werden,
aber niemals während des Spiels.

Halte dich an die Regel,
oder geh und spiel woanders.

Bescheiße nicht,
betrüge nicht,
und sei kein Spielverderber.

Und nach dem Spiel,
da können die Regel für das nächste
verworfen und verhandelt werden.

Ich kenne ein paar Regeln,
die ich immer mochte,
und ohne die
ich lieber nicht mitspielen möchte.

In den Gängen und in der Kantine
wird nicht gequatscht!

Wer was zu sagen hat,
der sagt es auf der Probe!

Betritt niemals die Bühne!
Es ist der Ort der Verwandlung.

Betritt die Bühne nur,
wenn du verwandeln willst,
wenn du verwandelt werden willst.

Fass nichts an,
bevor du die Erlaubnis erhalten hast!
Das betrifft die Texte, die Requisiten,
jeden Körper,
die toten und die lebendigen.

Sei pünktlich und sag Danke!
Bedanke dich bei allen,
bedanke dich bei jenen,
die deinen Scheiß wegräumen.

Das Theater gehört nicht dir,
und dir auch nicht,
und dir nicht und dir nicht und dir auch nicht.
Auch mir gehört es nicht.

Mein Stück gehört mir nicht.

Genau deshalb habe ich es geschrieben.
Und das verbindet mich
mit jenen zweihundertzwölf
Dichterinnen und Dichter,
und mit allen andern,
die je für das Theater geschrieben,
oder gezeichnet, genäht und gebaut haben.

Wir schaffen etwas,
damit es nicht unser eigen bleibt.

Wir machen Theater,
weil wir teilen wollen.

Das Theater gehört mir nicht.
Das Theater gehört uns.

So lautet seine Aufgabe,
die es uns immer wieder stellt:

Dass wir uns fragen,
was dieses Uns bedeutet,
das Wir,
welche Regeln,
wie jeder von uns,
sich in diesem Spiel der Freiheit
berühren lassen darf,
und damit berühren kann.

Und alle, die bereit sind
für diese Freiheit
und für die Regeln,
die „verschreiben" sich.
Ist das nicht ein schönes Wort,
mit einer ganz zauberhaften doppelten Bedeutung,

sich verschreiben?
Die verschreiben sich also einer Sache,
die niemand vollständig kontrolliert,
von der nicht einmal jemand genau sagen kann,
was sie eigentlich ist.

Zuletzt habe ich in Worms Theater gemacht,
an den Nibelungen Festspielen,
und es war eine Katastrophe.

Freilicht, vor dem Dom,
unter dem offenen Himmel,
und aus diesem Himmel
hat es nur geregnet.
Tagelang,
wochenlang,
das Land ging unter,
rechts und links,
und Dörfer verschwanden in den Fluten.

Es war ziemlich verrückt,
und es gab ein paar ziemlich Verrückte,
wie sich am Theater immer die Verrückten finden,
und genau deshalb bin auch ich dort.

Die AMA abgebrochen wegen Regen,
die HP 1 abgebrochen,
die HP 2 nicht abgebrochen,
sondern abgesagt,
die GP war der erste Durchlauf,
und der erste Durchlauf,
der ist per definitionem immer Scheiße.

Geleuchtet die ganze Nacht,
um 10 Uhr am Premierentag noch eine Probe,

und als das Licht kam und endlich auch die Sonne,
da kamen auch die Mauersegler.
Die leben nämlich da,
der Dom,
das ist ihr Sommerheim.
Und Mauersegler singen nicht,
sie schreien, pfeifen, kreischen.

Und sie gehörten dann halt auch dazu,
die Mauersegler,
im Sturzflug,
in Formation
über der Bühne,
und niemand, keine Macht,
kann diese Vögel jemals kontrollieren.

Und ich weiß noch,
wie ich am Nachmittag
irgendwann im Hüttendorf saß,
bei den Technikerinnen und bei den Technikern
und alle waren am Werk,
zu Gange,
beschäftigt mit einer Sache,
von der keiner sagen konnte,
was sie eigentlich ist.

Alle suchten etwas,
und hatten sich gefunden in dieser Suche.
Das war das Gemeinsame,
das Geteilte und es war
das einzige Gemeinsame.
Sonst teilten wir nichts.
Nicht die Herkunft,
nicht die Identität,
nicht die Weltanschauung,

nicht die Vorstellung vom Glück,
nicht die politischen Ideen,
nicht einmal die Sprache:
ungarisch, englisch, deutsch.

Nur diese Suche teilten wir,
die Suche nach etwas,
das niemand jemals benennen
und schon gar nicht kontrollieren kann.

Das ist die Utopie,
die mich hierher bringt,
ans Theater.

Dieses Wir,
das Uns,
das nicht Benennbare,
die Freiheit,
die Regeln,
das Du,
das Andere,
die Suche.

Und das habe ich bei allen gelesen.
Bei allen zweihundertzwölf Stücken,
und ganz besonders
bei Amanda Lasker-Berlin,
bei Sarah Kilter,
bei Patty Kim Hamilton
und bei Chris Michalski.

Muss ich euch erklären,
wie kostbar dies ist?
Gerade in diesen Zeiten,
in Zeiten der Angst,

der Ideologien,
der Rechthaberei?

Nein, das muss ich nicht.
Ihr wisst das.
Sonst wärt ihr ja nicht hier.

Aber viele wissen es nicht.
Zu viele leben fern
von allen Konjunktiven,
von allen Möglichkeitsformen.
Manche freiwillig,
viele gefangen
in den Zwängen.

Ich möchte euch bitten,
ihnen das Theater zu bringen,
ihnen davon zu erzählen.
Vom Geteilten,
Vom Wir und vom Uns,
vom Unkontrollierbaren,
vom Spiel,
von den Regeln,
von der Verwandlung,
von der Freiheit.
Tragt es hinaus,
das Theater!

Lukas Bärfuss war Juror der Autor:innentheatertage 2021 und steht mit
dem Festival in enger Verbindung: Für die ATT 2009 schrieb er das
Stück *Amygdala*, mit vielen weiteren Texten war er beim Festival zu Gast.

5

Miroslava Svolikova

das kann man sich alles gar nicht vorstellen

Miroslava Svolikova bekam 2017 im Rahmen der ATT den Hermann-Sudermann Preis für Neue Dramatik zugesprochen. In diesem Jahr waren zwei ihrer Stücke, *die hockenden* und *Diese Mauer fasst sich selbst zusammen und der Stern hat gesprochen, der Stern hat auch was gesagt,* als Gastspiel zum Festival eingeladen. Ihr Theaterstück *Europa flieht nach Europa* war eines der Gewinnerstücke der ATT 2018; für die ATT 2020 schrieb sie das Kurzstück *Staatsfragmente (Ein Königsmärchen).* Der folgende Text ist inspiriert durch eine Rede bei den Hamburger Poetikvorlesungen 2021.

über alte tapeten kann man drüberstreichen, irgendwann muss man sie runterreißen, vielleicht sollte man einfach das ganze haus abreißen, das ganze haus einreißen und anzünden, warum nicht. zünden wir alles an! oder nur sprechen, auch gut. reden wir einfach. reden wir über das aktuelle, über das zeitgenössische sprechen, über die zeitgenossenschaft im theater. ist auch ok.

ein sprechen, das nicht im eigenen moment erstickt – das nicht zu nah an sich selbst ist. das ist nicht die tageszeitung hier, kleiner reminder, ist nicht die kommentarspalte, falls das jemand erwartet. im ständigen sich umdrehen wollen wir aber auch nicht stecken bleiben, also wie jetzt?

so wie ich es sehe, ist im kern die kunst immer eine auseinandersetzung mit existenziellen fragen. fragen nach gesellschaftlichen möglichkeiten, nach der eigenen wahrnehmung, nach subjektivität, emotion und durchlässigkeit, nach der welt. der künstler bleibt auch mal stehen und ist sperrig und bockig wie ein alter esel. der künstler dreht sich um und sieht auch mal den eigenen tod und winkt auch mal dem tod zu. also die künstlerin. der künstler ist nicht reibungslos, sondern eine reibe, und das tut weh. der künstler, also ich meine die künstlerin, ist nicht nur ein label, die angebliche aalglatte perfektion der neuen selbstständigkeit. dem künstler pfuscht alles in die effizienz rein, der eigene körper, die unwägbarkeiten des eigenen ich, die welt, die immer nicht so will, die sich immer erst bitten und überzeugen lassen muss, die zeit, die immer so kurz ist, die existenz, die man hat, die nie mehr ist als immer zu wenig.

wenn die kunst nicht am wahn dran ist, nicht am traum dranhängt, dann weiß ich nicht. wenn das wesen der kunst nicht das traumhafte, tiefe rumbohren ist im unwägbaren, im wahn, in den schichten des menschlichen, des denkens und der vorstellung, dann weiß ich nicht. wenn kunst nicht auch vision ist, dann weiß ich nicht. wenn man die vision nicht von geschäftstüchtigkeit unterscheiden kann, dann ist schon alles egal. der vision eigen ist, dass nur der visionseigner sie sieht. wer wiederum seine visionen nicht umsetzen kann, bleibt im sumpf der eigenen visionen stecken. wer zieht sich selber aus dem sumpf, dem sumpf der möglichkeiten, was man alles machen könnte, was alles möglich wäre. ziehen wir uns gegenseitig heraus. machen wir etwas möglich –

und wie stehn sie zur vorstellung, dass die bilder der autoren nicht wichtig sind. frage an mich? das ist der eigentliche ausgangspunkt des regietheaters, das sonst nur tote verhandelt: die bilder stimmen auf gar keinen fall. wie steh ich dazu? na da halt ich gar nichts davon. wir zeitgenössischen leben im hier und jetzt. hallo. für mich zumindest steht das bildhafte ausverhandeln im zentrum meiner stücke, und die bilder sind richtig. sie funktionieren, wenn sie von der regie übernommen werden, mitgenommen, mitgedacht. mitgehangen mitgefangen, die ideen wollen feiern.

der text vermag bilder zu tragen, oder überhaupt eine notierte inszenierung zu sein, und dann trotzdem immer anders inszeniert zu werden. das reich der ideen ist fluide und es gibt genug platz.

ich schreibe jetzt gegen dieses bild an, sie merken es schon, das sei doch, das ist doch diese textfläche, dann kommt doch die regie und macht erst etwas damit, da ist doch diese weibliche ungestalte materie, da kommt doch erst der männliche geist, der einfahren muss, in den lehm, der geist, der über den wassern schwebt, da muss doch erst michelangelo kommen und den david aus dem stein befreien, mir kommts gleich hoch! es muss nichts befreit werden. es braucht kein erste hilfe team zur wiederbelebung, das stück ist ja nicht am krepieren. da gibt es eine klarheit der bilder und ideen, die für sich selber einstehen, alles klar? die verteidigen sich selber, die stehen für sich selber ein.

die sprache ist keine masse, die der regie hingeworfen wird, bitte machen sie einen abend daraus. die inszenierung ist keine erste hilfe, der text muss nicht zum leben erweckt werden, er atmet genug. die regie formt nicht den abend aus einem toten stein, vielmehr stellt die aufführung eine facette aller möglichkeiten da, die sich schöpfen und finden lassen im text, deshalb besteht das theater auch darin, immer anders zu wiederholen, und eben nicht zu wiederholen. (wiederholen und nicht wiederholen: theater.) es muss nicht erst ein geist einfahren in die tote materie, der text hat schon eine klare idee von sich selbst, mein text hat schon eine form, danke, der funktioniert auf jeden fall, wenn man ihn lässt, bitte.

das werf ich jetzt so in den raum, die kann man nehmen, eins zu eins, die bilder, wenn man will, oder auch nicht, sie sind jedenfalls da, und funktionieren tun sie auch. nehmen sie, lesen sie. der geist ist schon in mich eingefahren, überraschung, in diesem körper ist ein gehirn drinnen, glaubt man nicht. der körper ist durchdrungen von gehirn und das gehirn selbst ist ein körper. das kann man sich alles gar nicht vorstellen.
ist aber so.
hab ich gehört.

6

Caren Jeß

Du erkennst mich dann an einer Nelke im Knopfloch

Caren Jeß' Theaterstück *Bookpink* war Teil der ATT 2019. Ihr Stück *Eleos. Eine Empörung in 36 Miniaturen* war bei den ATT 2022 als Gastspiel zu sehen.

(kurzer Lärm)
Hey what, wie fühlst du dich,
was macht der Krach mit dir?
Mich erinnert er an eine Szene in Montenegro:
Zunächst war da Sound: Radio, schlechter Empfang und sechs
Föhne;
„what u want?", fragte die Barbierin, sie trug künstliche Lippen,
Titten, Arsch und sah top aus, mein Freund mit seinem keck-
intellectual Schnurrbart aber auch, das ist ja der Grund, aus dem
sie ihn ihm schnitt;
Šekspir stand am Theater, denn sie schrieben es hier, wie sie
wollten, gefiel mir, ich nahm ein Glas Wein, schlug das Heft zu,
ein Bein übers andre und träumte von hehrem Spektakel:
überall am besten und mit der Kraft der Modernität, jener thea-
tralen, die dir manchmal mit dem Rollator nachjagt, in deinen
Goldmottenträumen, „lovely",
wie fühlst du dich?
(Kneipengeräusche)
„Lovely", dämmert es mir,
so stand es auf Trautes hautengem Shirt, sie, die ihre Eckkneipe
bis Mitte ihrer zuckrig verrauchten 60er führte, „Lummerland"
hieß die, in ihr saßen Fischköppe, acht an der Zahl, und sie
orderten Schnaps, blau, stark, kurz und sechs Heringe, blieben
für jeden drei Viertel, sie drückten sie tief in die Jukebox, kam
trotzdem nix raus
und in meiner Erinnerung ist alles Theater,
hach. –
(kurze Stille)
Hey what, da fehlt doch was, what, how, why, was war die Frage,
wie fühlst du dich?
Müde?
Im 7. OG wird gekuschelt, die Heizung ist ausgefallen, rotten wir
dicht wie ein Publikum,
essen wir Chips und
denken an früher und draußen,

und lauschen dem nerdigen Dude
mit der Flöte
auf Spotify.
(Geflöte)
Hey what, wie fühlst du dich, frag ich und sag:
Investiert 30.000 für besseren Sound, denn es lohnt sich,
bunk bunk, springt die Nadel
auf dem Plattenteller,
nimm dir ein Stück
Lachs,
girl,
Mädchen mit flachsblondem Haar,
ich spiel Klavier für dich
und, denkt man nicht, aber
ich mach's nicht für jede.
Die Jedjedejeder hat sich in die Zeilen gedrückt,
ich mag Sturheit nur, wenn sie den Atem anhält, und
Stolz, wenn ihm eine eins auswischt, und
Eitelkeit, da mag ich ehrlich gesagt nur das Gelbe von,
das Weiße, es ist mir zu fad.
(besserer Sound)
Hey what, wie fühlst du dich?
Das ist mir wichtig zu wissen,
Gefühle, Gemüse, die Sprengung der Gattungen und auch der
Gatten und Gattinnen,
das ist's,
was wir in die Fugen der Bretter säen sollten.
Weißt du noch, wie ich von Papa die Erbse stahl?
Ich setzte sie hinter der Scheune aus, sah mich schon in
Subsistenzwirtschaft.
Das warn noch Zeiten,
doch lief nicht,
die Erbse war alle, noch ehe
die Schwalbe zu töpfern begann.
Also verpflegten ein Haufen Erziehungsberechtigter mich und

die Hühner mit Körnern, bis uns
der Dill aus den Poren spross,
und der Baldrian wimmernd in Fesseln lag.
Nun, so alterte ich. –
Die Wurmlöcher in meinem Holzbein
spritz ich voll mit Wurstzeug vegan,
hernach schraub ich es ab
und verklopp ein Volk Nazis,
bis ihnen der Senf aus den Nasen quillt,
hinke davon und sie wälzen mir nach,
denn ich hab das Set mit den
Dinosaurierpflastern
eingesackt.
(Dinosauriergebrüll)
Hey what, wie fühlst du dich?
Alles sehr emotional, ja,
versteh ich,
da weiß man schier gar nicht,
wohin mit sich,
komm lass uns einfach
mit zehn Tonnen Farbe
die Autobahn
großflächig
vollschreiben,
denn was da raus will,
es kann keine Kleinigkeit sein,
und die Praxen der Psychologie,
sie sind eh voll,
da passt kein Böhnchen mehr rein,
in die Ritzen der längsten Chaiselongues.
(Geräusch von Newton's cradle)
Hey what, wie fühlst du dich?
Kennst du den Mann ohne Haus, ohne Krone?
Es brannte ihm ab, als der Eckzahn längst
grob frakturiert ihm im

Mundraum lag,
kannst dir das vorstellen?
Nein?
Großer Verlust,
doch der Mann macht das beste draus:
geht jetzt mit Pomp durch die Fußgängerzone,
Trompete im Maul,
an der Hand Elefant,
und der steckt seinen Rüssel in jedes Geschäft,
saugt er die Münzen ab,
ist ja nur Kleingeld.
(Trompeten)
Hey what, wie fühlst du dich?
Craig nahm dich damals mit zu Mount Kimbie,
ich dich in die Karpaten, my love, erinnerst du dich,
please don't marry me,
schenk mir lieber einen Goldzahn,
mit ihm möchte ich
aus der Reihe tanzen,
wenn meine zehn
Lieblingsschauspielerinnen
die Bühne betreten.
(Applaus)
Hey what, hey, wo
sind die anderen?
Wo ist die Jury?
Da schwimmen die Stücke im Pool wie Filets, doch wo sind die
Piranhas,
wer stürzt sich drauf, hallo?,
wer will nochmal, hallo?,
wer kann nicht mehr, hallo?,
wo ist der Deinhard und wie heißt der DJ,
sie alle sind heute geladen, und ich trage auf jeden Fall hoch
erfreut
meine Pumps aus den 80ies,

von Ebay,
yes,
drei,
zwei,
eins:
meins.
(Jingle)
Hey what, wie fühlst du dich? Hab ich dir, nein, hab ich?, doch, hab dir
von Hans erzählt,
wie er mir damals im Keller die Achillesszene massierte,
es waren mehrere Fehler darin,
und das Spinnengewebe fiel von der Decke und setzte sich uns auf die Lider,
Refrain. –
Du musst das hier
laut lesen
und im Anschluss:
nochmal!
Denn Theater geht nicht in Gedanken.
Ich wollte schon immer mal ein Stück schreiben über:
Dich.
Bitte melden unter der Chiffre 098735-1
mein Name ist Erdmuth

7

Reto Finger

Es fließt nicht mehr

Reto Fingers Theaterstück *Schwimmen wie Hunde* war eines der Gewinnerstücke der ATT 2005.

Ich halte ihn fest, als würde er gleich platzen, mit beiden Händen und drücke auf die Schläfen, so dass der Druck von außen dem Druck von innen standhält, wenigstens ein paar Minuten noch, bis es hell wird, bis es wenigstens hell wird draußen, dein Bild, denk ich noch, dein Bild an der Wand, die Iphigenie auf Tauris, hätte ich abhängen sollen, bevor der Druck zu groß, denk ich, und die Schädelkalotte dagegen knallt, gegen die Iphigenie auf Tauris, aber jetzt, denk ich, jetzt ist es zu spät, weil zum Abhängen bräuchte ich meine Hände.

Der Krieg kam per Post, sag ich zu dir, vor ein paar Stunden, als du endlich zu Hause, aber noch immer in der Tür gestanden, ein Paket von der Armeeapotheke in 3063 Ittigen, sage ich, statt nachzufragen, wie dein Tag war, dein Durchlauf, deine Probe, Kaliumiodid, 65 Tabletten, sage ich, mit Informationen für den Abgabeverantwortlichen, im Störfall sei den Anwesenden die Tabletten, lese ich vor, so dass über die Atemluft kein radioaktives Jod, das ist doch, sage ich, ein Etikettenschwindel, mindestens, während du mich anschaust, ohne etwas zu sagen, noch immer nicht.

Schlafen die Jungs, fragst du endlich, wie lange denn schon, hast du alles, auch die Hausaufgaben, wie meinst du verletzt, mit was denn, das musst du mir doch sagen, wenn seine Mutter anruft, möchte ich das wissen, ich hatte den ganzen Nachmittag, ja, eine Kostümprobe, aber ich bin doch erreichbar, wenn es wichtig ist, nein, damit hat das nichts zu tun, ich möchte, dass du mir solche Dinge, stattdessen hältst du mir ein Paket aus Ittigen unter die Nase.

Und ich antworte, schon seit vier Stunden, die Hausaufgaben auch, Tim hatte auf dem Pausenplatz, mit einem Hockeyschläger, nein, das musste nicht genäht werden, sie hat angerufen, ich habe das geklärt, ich erzähl dir doch jetzt, wir haben uns vorher nicht, was soll das denn, du musst nicht nochmals, ja, auf meine Weise und die Jodtabletten sind auch wichtig, wiederhole ich, und stelle dir deinen Teller mit dem kalt gewordenen Linseneintopf auf den Tisch.

Es fließt nicht mehr,
sagst du dann, nach einer längeren Pause.
Was denn, frag ich zurück, nach einer weiteren Pause.
Und dann schweigen wir wieder.

Er ist ein Autor, fährst du irgendwann fort, seine Texte fließen, wie die Texte von Murakami, rätselhaft und liebevoll, auch die Figuren, wie sie miteinander umgehen, sie reden nicht viel, fast wie bei Norén, aber eben nicht traumatisiert oder depressiv, sondern rätselhaft und liebevoll, sehr liebevoll, so müssten wir auch miteinander, sagst du und redest dann schnell weiter, ohne den Satz zu beenden, aber wenn er inszeniert, fließt es nicht mehr, nichts mehr, er denkt nicht wie ein Regisseur, vielleicht sind das auch kulturelle, aber die gibt es bei Murakami auch, sagst du und ziehst den Teller mit dem Linseneintopf zu dir rüber, stocherst darin herum, legst die Gabel wieder zur Seite und sagst, es fließt überhaupt nicht mehr, es ist zum Kotzen.

Was soll ich jetzt machen, frage ich, und zeige auf die Tabletten, soll ich die im ganzen Haus, das ist doch ein Etikettenschwindel, dass die von einem Störfall sprechen, sage ich, und dann schicken die doch ein ganzes Paket, in diesen Tagen, ich meine, allein das Timing, das ist doch, sicher kein Zufall.

Ich brauch vom Durchlauf nicht zu erzählen, unterbrichst du mich, wenn es dich nicht interessiert, aber dann frag auch nicht. Ich wollte überhaupt nicht, antworte ich, ich wollte über die Tabletten.

Lass mich bitte in Ruhe, sagst du, mit diesen Tabletten, das schaff ich nicht mehr, das schaffe ich heute wirklich nicht mehr, und überhaupt, wie spät ist es eigentlich, ich muss morgen eine Stunde früher, kannst du bitte im Wohnzimmer, ich brauche meine Ruhe, ich leg dir die Bettdecke, ich brauche wirklich meine Ruhe, sagst du und stehst auf.

So habe ich das nicht gemeint, denke ich, ohne etwas zu sagen, aber es muss doch möglich sein, über andere Dinge, auch während Endproben, denke ich und ziehe den Teller mit dem kalt gewordenen Linseneintopf zu mir rüber, und denke, dass nichts mehr rätselhaft und liebevoll ist, schon lange nicht mehr, und weiß, dass du das auch denkst und esse den ganzen Eintopf auf.

Jetzt liege ich auf dem Sofa und halte meinen Schädel, mit beiden Händen, bis die Fingerkuppen weiß werden und die Arme zu zittern anfangen, und stelle mir vor, loszulassen, stelle mir vor, wie die Kalotte gegen das Bild knallt, dorthin, wo der Horizont ein bisschen heller, dorthin, wo Iphigenie seit Jahren sehnsüchtig hinschaut und nahende Rettung zu erkennen glaubt, und stelle mir vor, wie die Hälfte der Kalotte die Leinwand durchschlägt und stecken bleibt, so dass die Schädeldecke nun am Horizont zu sehen ist, wie eine untergehende Sonne, im ägäischen Meer, und die einzelnen Hirnfetzen langsam, ganz langsam runter tropfen, auf die Hand der wartendenden Iphigenie, und diese einzelnen Hirnfetzen, so stelle ich mir das vor, erleichtert sind, dass es endlich tropft, dass es endlich wieder fließt, wenigstens fließt es endlich wieder.

8

Moritz Rinke

Quelle merde

Über die absurde Bühnenhistorie eines Debütstücks, das bei den Autorentheatertagen entdeckt wurde

Moritz Rinkes *Der graue Engel* war eines der Gewinnerstücke der ATT 1996. 2013 war der Autor mit *Wir lieben und wissen nichts* zu den ATT eingeladen.

Hannover ist eigentlich meine dramatische Geburtsstadt. Es gab eine Menge Väter und Mütter, fangen wir aber erst einmal mit einem Juror an, es war Reinhardt Stumm, der Schweizer Theaterkritiker und Feuilletonchef der Basler Zeitung. Er hatte sich für meinen *Grauen Engel* entschieden. Im Vorjahr hatte es ein Drama mit dem Titel *Das schlechteste Theaterstück der Welt* auf die Autorentheatertage geschafft, da dachte ich, dass ich das auch schaffen würde und bewarb mich.

Von heute aus betrachtet ist es wirklich ein erstes Stück, das sich noch stark zwischen den Vorbildern Beckett und Bernhard bewegt. *Ein rewrite von Happy Days und Macht der Gewohnheit* nannte es mein postdramatischer Professor Andrzej Wirth in Gießen. Das Stück spielt mit dem Rilke-Motiv, dass das Schöne nur des Schrecklichen Anfang sei. Diese Erkenntnis hatte ich im Zivildienst gewonnen, den man ja früher noch guten Gewissens antrat, weil man so etwas wie Putin und verbrecherische Angriffskriege in Europa eigentlich nicht mehr für möglich hielt.

Die Frauen, die ich in meinem Zivildienst betreute, hatten alle ein Leben hinter sich gelassen; sie erzählten mir von ihren Ehen und Liebschaften und ihren kleinen und großen Triumphen. All diese Erinnerungen wurden von Erzählung zu Erzählung immer größer und zugleich in der Gegenwart, in der sie jetzt zu leben hatten, trauriger. Nichts mehr war vom Früher übriggeblieben. Und wir spielten jeden Tag diese alten Geschichten durch, lebten diese Leben noch einmal nach, auch um die leeren Tage der Gegenwart, die endlos lang erschienen, mit irgendetwas zu füllen.

„Haben die Worte schon den Abend erreicht?", fragt irgendwann der graue Engel.

Als ich später Volontär beim Berliner Tagesspiegel war, kam der gigantische Nachlass von Marlene Dietrich nach Berlin. Mit einem Schiff aus New York, von Hamburg dann auf riesigen Containern nach Berlin-Spandau in eine riesige Lagerhalle, wo alles unter Aufsicht der Stiftung Deutsche Kinemathek ausgepackt, geordnet und katalogisiert wurde.

Ich durfte eine Reportage über die Ankunft der „Marlene-Koffer" schreiben, betrat die Lagerhallen und stöberte in den endlos langen Fluren mit den vollgestopften Regalen in den Dietrich-Sachen. Angeblich litt Marlene an einer Hollywood-Kleptomanie und ließ alles mitgehen, was sie in ihrer beispiellosen Karriere in Filmen getragen hatte und was in den weltberühmten Filmen, in denen sie spielte, so als Ausstattung herumgestanden hatte: Hollywood-Schaukeln, Paramount-Sofa, Liebesbetten. Als ich gerade in ihre Liebesbriefe vertieft war, die sie von Hemingway und Jean Gabin erhalten hatte, schlug die eiserne Tür der Lagerhalle zu. Man hatte mich vergessen und so blieb ich die Nacht, ohne Handy, zwischen all diesen baldigen Exponaten aus Puderquasten, tollsten Kleidern, 450 Paar Schuhen, Hüten, Strumpfbändern und Fotos und Briefen und Präsenten von Liebhabern. Und in dieser Nacht war ich auch wieder meinen Zivildienstfrauen nah und diesen Rilkezeilen. Die Dietrich hatte sich am Ende in Paris in einer Wohnung lebend vergraben, die Fenster mit Brettern vernagelt, niemand durfte die Gegenwart des Engels sehen.

In dieser Nacht in der Spandauer Lagerhalle entstand in Gedanken das Stück *Der graue Engel* und ihr stummer Diener Konstantin, das war eigentlich ich, der Zivi. Und es wurde auch so eine Art Installation mit Requisiten, die Dramaturgie identisch mit der Umgestaltung des Raums in einen Koffertodestanz, der in einem absurden Superkoffer, vielleicht dem Sarg, der die Befreiung von der Rolle bedeuten könnte, zur Auflösung kommt. Und auch die Sprache dekonstruierte sich zum Ende immer mehr.

In Hannover kümmerten sich dann die Väter Stumm, Ulrich Khuon und Michael Börgerding um die Autorentheatertage, der junge Erich Sidler inszenierte das Stück, erlitt einen Hörsturz während der Proben und saß jeden Morgen erst einmal zwei Stunden in einem schalldichten Therapieraum. Die wunderbare Sibylle Brunner war der Engel, offenbar wohl selbst so eine Art Marlene Dietrich von Hannover.

Ich weiß noch, als sie die ersten Worte meines Textes auf der Bühne im Ballhof sprach. So muss es wahrscheinlich gewesen sein, dachte ich, als Gott Eva sprechen hörte, sie seine Figur geworden war. Man muss das so pathetisch oder prätentiös sagen, weil es dieser erste Ur-Moment als Theaterautor ist: das Erleben wie die eigenen Worte sich in eine Figur verwandeln, wie sie Gestalt werden. (Irgendwann später verfliegt dann diese Magie hin und wieder und man ärgert sich über falsche Sprachregie, schlechte Striche, ungenaue Pointen-Setzung, allgemeine Textunsicherheit, überhaupt: über Fehlbesetzungen.)

Kurz danach las dann Nicole Heesters das Stück auf dem Theatertreffen mit Ulrich Matthes als Diener Konstantin. Danach spielte es Anne-Marie Blanc in Zürich im Keller vom Schauspielhaus, schönerweise hatte es Marianne Frisch, die Frau von Max Frisch (*Montauk*) nach Zürich vermittelt, wo ich bei der Uraufführung vom Dramaturgen in einem Stundenhotel (in der Rosengasse) untergebracht wurde, das Schauspielhaus musste zu der Zeit offenbar sparen. Die Nacht vor der Urpremiere meines Autorenlebens verbrachte ich mit den Geräuschen eines Sado-Maso-Paars im Nebenzimmer, das sich zwischen ihren Praktiken in Schweizer Mundart miteinander austauschte.

Später ging das Stück nach Wien, nicht aber an die Burg, sondern ins Maxim, einem sehr bekannten Bordell von Wien, in dem Arthur Schnitzler angeblich auf die Idee seines *Reigen* gekommen war, vielleicht wurde er dort auch versehentlich eingeschlossen wie ich in der Lagerhalle in Spandau. Ich weiß noch, dass mich zur Premiere der berühmte Burgtheaterdramaturg Hermann Beil begleitete, offenbar nicht, weil er das Stück unbedingt an die Burg holen wollte, sondern weil man endlich mal ungeniert ins Maxim gehen konnte. Kurz vor der Aufführung tanzte noch eine blonde Frau nackt an der Stange.

Überhaupt hatte das Stück einen etwas seltsamen Weg. Es hatte ja ganz ehrwürdig mit den Autorentheatertagen begonnen, aber gegen Ende der Aufführungshistorie dieses Stücks erinnere ich mich an eine Aufführung in Hamburg. Nicht im Thalia-Theater, sondern in den Fliegenden Bauten, etwas Freieres, und der Engel war Lilo Wanders, die kannte man aus der RTL-Show *Wa(h)re Liebe*, die wöchentlich über das Neueste auf dem Erotik-Markt berichtete. Es kamen sehr viele Menschen zur Premiere, doch schon beim Einlass hatte ich ein mulmiges Gefühl, weil ein Mann an der Kasse gefragt hatte, ob auch „Gogo-Girls" auftreten würden. Ein anderer Mann fragte, ob es drinnen „Bier vom Fass" geben würde, offenbar erwartete man generell etwas Beinbetontes, Kulinarisches, aber keine neue deutsche Dramatik als „rewrite" von Beckett und Bernhard mit fortlaufender Dekonstruktion der Sprache. Nach 10 Minuten fing das Publikum an, so unruhig zu werden, als seien zwanzig Pferde im Raum, die aus Futtermangel mit den Hufen auf dem Tribünenboden trampelten. Wenig später gab es Menschenbewegungen, wie man sie aus Fußballstadien kennt, wenn die Heimmannschaft verliert und die Zuschauer vorzeitig und schimpfend aus dem Stadion rennen, dabei spielte die Wanders (bzw. er, die Wanders ist ja in Wahrheit ein Mann) das Stück hinreißend ernsthaft. (Und es war eigentlich eine diverse Aufführung, bevor so etwas total en vogue wurde.)

Das Stück hatte aber auch noch gefühlte Hochkulturmomente. Thomas Langhoff wollte es am Deutschen Theater mit Inge Keller aufführen, aber das verhinderte sein Chefdramaturg, weil der, ganz 68er, ein die Gesellschaft anklagendes Stück haben wollte, etwas Politisches, keine zarte Geschichte über die Einsamkeit einer Frau. Ich rächte mich später an ihm mit einer Geschichte über die 68er (*Der Blauwal im Kirschgarten*). Dann gab es noch Robert Wilson, der sich das gesamte Stück damals ans BE faxen ließ (E-Mail gab's da wohl noch nicht). Wilson wollte das Stück mit – jawohl – mit Jeanne Moreau machen. Es gibt tatsächlich einen Brief von Jeanne Moreau, der mir wiederum als Fax vorliegt, in dem steht, dass sie so eine Scheiße „quelle merde" nicht zu spielen gedenke, sie fände das Stück „obszön" und durch das „Schlüsselloch" („trou de serrure") beobachtet. Wilson erklärte mir später, dass die Moreau eigentlich wie Marlene Dietrich sei und sich selbst vermutlich erkannt habe in ihrem Wunsch, ewig die schöne Lichtvolle zu bleiben.

Irgendwann spielte es nicht Inge Keller oder Jeanne Moreau, sondern Joanna Bogacka, eine Grand Dame des polnischen Theaters, immerhin. Die Aufführung kam auf Vermittlung meines polnischen Professors im Atelier-Theater, einem Theater direkt am Strand von Zoppot bei Danzig, zustande. Zur Premiere kam der Direktor der Danziger Werft und Günter Grass mit einer angeblich polnischen Nichte. Am Ende der Inszenierung sollte sich die hintere Bühnenwand öffnen und der graue Engel aus dem Theater über den Strand dem Meer elegisch entgegenschreiten. Leider fanden am Tag der Premiere in Zoppot die polnischen Motorbootmeisterschaften statt und der ganze Strand hinter dem Theater war mit grellbunten und schnittigen Motorbooten zugestellt, die aussahen wie Formel-Eins-Autos.

Was mit einem Stück so alles passieren kann, wenn man einmal bei den Autorentheatertagen entdeckt worden war, dachte ich, während ich bei der Premiere eigenhändig diese fiesen Motorboote mit Leibeskräften aus dem Bild zu ziehen und zu schieben versuchte, damit mein Engel vor den Augen von Günter Grass und seiner Nichte wie geplant über den Strand ins Meer schreiten konnte.

9

Michel Decar

Die Spiele der Zukunft

Das vom Autorenduo Nolte/Decar verfasste Theaterstück *Der neue Himmel* war eines der Gewinnerstücke der ATT 2015. *Helmut Kohl läuft durch Bonn* von Nolte/Decar war bei den ATT 2014 als Gastspiel zu sehen.

1.

Ins Theater zu gehen, ist das Schlimmste. Auch Theaterstücke zu schreiben ist schrecklich, genau wie Theaterstücke zu inszenieren. Doch am schrecklichsten ist es, sich Stücke in einem Theater anzusehen. Was soll das alles? Kann das nicht weg, das Theater? Die einfache Antwort: Ja, es kann.

Das Theater hat es jetzt lange genug gegeben. Schon seit 2000 oder 3000 Jahren gehen Leute ins Theater und noch kein einziges Mal ist dort ein gutes Stück gelaufen. Noch kein einziges Mal, das muss man sich mal vorstellen! Deswegen ist es jetzt Zeit für etwas Neues. Das Theater gehört genau wie das Militär oder die Lohnarbeit zu den sogenannten rückschrittlichen Denkmodellen. Vor 2000 oder 3000 Jahren mögen das durchaus frische Ideen gewesen sein, aber heute sind diese Ideen nur noch miefig und unangebracht. Sie haben sich überlebt, sind zu hinterfragen und abzuschaffen.

Aus was, liebe Leserinnen und Leser, besteht denn das Theater? Es besteht aus Konflikten, Streit und Problemen. Aus Intrigen, Hass und Gewalt. Wer möchte solch anachronistische Ausuferungen denn noch sehen? Mit dieser negativen Energie hat das Theater lange genug versucht, unsere Seelen zu vergiften. Damit muss Schluss sein. Ich fordere: Sagt Nein zum Theater, sagt Ja zum Leben.

2.

Was bedeutet das nun konkret? Lassen Sie uns die Sache einmal anhand eines Beispiels durchspielen. Das Deutsche Theater Berlin könnte hier stellvertretend vorangehen. Wenn das Deutsche Theater Berlin endlich abgeschafft und abgerissen ist, wäre Platz für Neues und das repräsentative Grundstück in der Schumannstraße 13a könnte einer neuen Kunstform dienstbar gemacht werden.

Wenn ich die Augen schließe, sehe ich ein großes, purpurfarbenes Bassin auf den Ruinen des Deutschen Theaters thronen. In diesem Bassin schwimmen Robben, Seehunde und Walrösser und spielen uns kleine Kunststücke und Szenen aus dem Alltag vor. Diese Szenen sind Spiegel unserer Realität. Sie bringen uns der Frage näher: Was bedeutet es ein Mensch zu sein? Bzw. eine Robbe. Bzw. ein Seehund.

Aber das ist nur eine Möglichkeit von vielen. Die Spiele der Zukunft könnten auch ganz anders aussehen. Niemand kann es wissen, wir können es nur erfühlen.

So könnte auf den Ruinen des Deutschen Theaters auch ein gigantisches Terrarium stehen. In diesem Terrarium leben alle möglichen Insekten, z.B. Blattschneiderameisen oder Stubenfliegen, auf die hunderte Kameras gerichtet sind. Beim Anblick dieser Tierchen fühlen wir uns zurückgeworfen auf unser Innerstes. Wir sind im Tiefsten getroffen, wir sind berührt. Wir erinnern uns daran, wie es war, vor Milliarden von Jahren aus den Ozeanen gekrochen zu sein. Urtümliches Schlagwerk lässt die Scheiben des Terrariums erzittern. Wir gehen demütig und geläutert nach Hause.

3.

Natürlich kann die Kunst der Zukunft auch ganz anders aussehen. Digitaler, globaler, transzendenter. Ja, im Prinzip deutet alles darauf hin. Und deswegen ist es auch angebracht, dieser neuen Kunst einen Tempel zu errichten, der ihren Stellenwert im Zentrum der Stadt angemessen unterstreicht.

Lassen Sie uns gemeinsam träumen. Ich sehe auf den Ruinen des Deutschen Theaters einen 900 Meter hohen Turm stehen, der sich spiralförmig in den Himmel schraubt. Dieser Turm stellt eine gigantische Antenne dar, keinesfalls einen Phallus, wie die Haupt-stadt-Presse neidvoll zur Eröffnung kommentieren wird. Dieser Giga-Turm ist unsere Brücke zum Universum. Er sendet auf allen Frequenzen, in alle Winkel des Sonnensystems. Aber er sendet keine Sprache. Sprache ist ungenau, Sprache interessiert über-haupt niemanden mehr. Dieser Turm sendet ausschließlich Gefühle. Dieser Turm ist die Zukunft.

Natürlich bleibt hier die Frage der Finanzierung. Denn zugegeben, ein 900-Meter-Turm ist kein Pappenstil und sprengt die Mittel des Öffentlich-Rechtlichen. Aber bestimmt lassen sich Sponsoren finden, die mit uns für die gute Sache einstehen, etwa die Deutsche Bank, Nestlé, Qatar Airways oder die Kommunistische Partei Chinas.

Wir, die Leserinnen und Leser dieses Manifests, fordern also: Weg mit dem Alten und her mit dem Neuen! Lasst die Zukunft heute beginnen, nicht erst morgen. Und Sie, die Intendanz und Drama-turgie des Deutschen Theaters, fordern wir auf, sich nicht an Ihre Pöstchen zu klammern, sondern endlich loszulassen! Geben Sie das Gebäude zum Abriss frei! Seien Sie nicht eingeschnappt und suchen Sie sich neue Jobs. Lassen Sie außerordentliche Gedankenströme durch ihre Köpfe zischen!

Dea Loher

Über Gorillas, Schuppentiere und das Theater.
Eine Rede (2020)

Sehr verehrte Damen und Herren, wenn ich hier stehen werde, das hatte ich mir vor Monaten geschworen, dann würde ich eine Rede halten, in der das Wort Corona überhaupt nicht vorkäme. Ich wollte gerne daran glauben, dass inzwischen die Gefahren und Schrecken dieses Jahres überwunden sein würden. Aber dem ist nicht so.

Wir wissen nicht, wir können nicht wissen, was die nächsten Wochen und Monate bringen werden, an welchem Punkt wir uns im Frühjahr befinden und was uns im nächsten Sommer erwartet.

An einen veränderten Alltag haben wir uns gewöhnt, und dennoch – ich weiß nicht, wie es Ihnen geht –, mir erscheint unsere Lage immer noch, jeden Morgen aufs Neue, ziemlich surreal, und sogar umso unwirklicher, je länger sie dauert. Die Verwunderung darüber, was da gerade passiert, die wächst eher noch.

Wir leben so ein vorläufiges Leben. Und es ist nicht so sehr ein Zustand, in dem wir uns befinden, es ist eine Bewegung, eine ungewöhnliche Bewegung und eine, die ihre Richtung noch nicht genau kennt, geschweige denn ihren Ausgang. Und ich glaube, diese Bewegung ist nicht umkehrbar. Selbst wenn wir alle unsere Gewohnheiten wieder aufnehmen könnten, so wie früher wird es nicht mehr sein, das alte Leben werden wir nicht zurückbekommen. Wir könnten zwar so tun als ob, aber das wäre eine Simulation um den Preis, dass wir verdrängen, was in der Zwischenzeit passiert ist, und um den Preis, dass wir weiter verdrängen, in welchem Zustand sich die Welt befindet.

Zoonosen

Ich wollte besser verstehen, was da eigentlich im Gange ist zwischen den Menschen und den Tieren, was es auf sich hat mit den Krankheiten, die vom Tier auf den Menschen überspringen können und manchmal auch zurück, und ich fing an, mich mit diesen Zoonosen zu beschäftigen. HIV gehört dazu, Ebola gehört dazu, und Sars und eine ganze Reihe weiterer Krankheiten, die bisher nur begrenzt aufgetreten sind. Aber sie häufen sich in den letzten Jahrzehnten; warum ist das so, woher kommen sie, und wie entstehen sie?

Eine allgemein gängige Antwort ist, dass die Infektion auf den Menschen passiert, wenn jemand das Fleisch von infizierten Tieren isst oder mit dessen Blut in Berührung kommt. Aber je mehr man sich damit beschäftigt, desto komplizierter und auch rätselhafter wird die Sache, denn meistens sind die tierischen Zwischenwirte der Viren zwar bekannt – im Falle von HIV sind es Schimpansen, bei der Mehrzahl der anderen Infektionen sind es Fledertiere –, aber wo sich das Virus befindet, wenn es gerade keine Infektion ausgelöst hat, das liegt oft im Dunkeln; z.B. ist der Ursprungswirt von Ebola, der sogenannte Reservoirwirt, bis heute nicht bekannt. Die Viren können oft für sehr lange Zeit spurlos verschwinden und dann irgendwo und irgendwann auftauchen, wenn man überhaupt nicht mit ihnen rechnet. Zudem scheint es so zu sein, dass sie außerordentlich anpassungsfähig sind und in der Lage, wie wild zu mutieren und sich neue Zwischenwirte zu suchen, z.B. falls das Virus in eine evolutionäre Sackgasse geraten sein sollte. Das ist alles nicht beruhigend.

Gorillahand

Als vor fast genau zwei Jahren das Berliner Humboldt-Forum „Erste Vorboten" der künftigen Ausstellung zeigte, war unter den Exponaten die konservierte Hand eines Gorillas. Also tatsächlich nur die Hand, ohne den Gorilla, und sie ähnelte so sehr einer menschlichen Hand, dass man sie bei flüchtiger Betrachtung dafür hätte halten können. Wer über diese Ähnlichkeit nicht mindestens eine Sekunde lang erschrickt, und wer nicht einen Moment lang bei der Erkenntnis zusammenzuckt, wie nahe wir Wesen uns verwandt sind, der kann kein Herz haben.

Franz Eilhard Schulze, der die Gorillahand 1904 für die Humboldt-Uni erwarb, war ein Schwammforscher, der sich anscheinend gerade mit einer Handskizze von Darwin beschäftigt hatte, die jener wiederum angefertigt hatte, um sich mit der Verwandtschaft von Mensch und Affe auseinanderzusetzen. Schulze wollte diese Forschungen wohl fortsetzen, hat sie aber nie veröffentlicht.

Der Verkäufer wiederum, ein gewisser Erwin Olbricht, seines Zeichens ein Drogist aus Leipzig, hatte der Humboldt-Uni insgesamt drei präparierte Tiere verkauft, neben der Gorillahand auch die eines Schimpansen und außerdem einen Erdpython, den immerhin als Ganzes. Diese beiden Letzteren sind verloren. Von wem Erwin Olbricht die Tiere hatte, ist unklar, aber man weiß, dass sie aus West- oder Zentralafrika stammen, wahrscheinlich aus dem Kongo; und wenn man die Hand heute betrachtet, nicht nur mit dem Wissen um die Kolonialverbrechen, die dort im 19. Jahrhundert stattgefunden haben, sondern auch mit dem Wissen um all die Kriege, die danach kamen, den Genozid in Ruanda Mitte der neunziger Jahre und weiter bis zu den kriegerischen Auseinandersetzungen der Gegenwart, dann wirkt die abgehackte Hand des Gorillas fast wie ein Menetekel, Symbol für Zerstörung, für Folter, Mord und Verbrechen an Menschen und an Tieren.

Ironischerweise hat Franz Eilhard Schulze, der den Kauf akribisch vermerkte, auf seiner Karteikarte folgende Frage hinterlassen: „– rechte Hand – wo ist Fuß??"

Gorillas und Schimpansen sind wie viele der Tiere, die bis vor wenigen Jahrzehnten von Waldbewohnern in Zentral- und Westafrika zur eigenen Versorgung gejagt werden konnten, bekanntermaßen vom Aussterben bedroht und stehen unter Artenschutz; und bekanntermaßen werden sie trotzdem illegal getötet, um sie ganz als Trophäen oder zerlegt in vermeintlich medizinisch wertvolle Bestandteile ins Ausland zu schmuggeln, oder auch, um ihr Fleisch als Bushmeat zu verkaufen, das – warum auch immer – unverändert begehrt ist.

Man weiß vom HIV-Virus, dass es als erstes von toten Schimpansen auf den Menschen übergesprungen ist; bis heute ist aber unklar, wie genau das passiert ist. Die sogenannte Cut-Hunter-Hypothese besagt, dass es ein Jäger war oder besser gesagt: ein Wilderer, der sich beim Erlegen über eine Schnitt-, Beiß- oder Kratzwunde mit dem Blut eines Tieres infizierte.

Das Ebolavirus hat offensichtlich große Bestände der Gorillas in Zentralafrika getötet, ehe es zum ersten Mal auf einen Menschen getroffen ist. Wie aber kommt das Virus in den Gorilla, und wo ist es, wenn es nicht in einem Gorilla ist? Man vermutet es in Fledertieren, die ihren Urin oder Speichel dann auf Früchten hinterlassen und ihn so wiederum auf die Gorillas übertragen, aber es ist bis heute nicht gelungen, dieses Virus ausfindig zu machen, geschweige es zu isolieren. Man hat eine Theorie, aber man kann sie nicht beweisen.

Mit dem desaströsen Covid-19 ist das Pangolin als neuer Hauptverdächtiger in der Reihe der Zwischenwirte aufgetaucht. Es gehört zu den Tieren, die ungeachtet aller Verbote tonnenweise in Afrika gefangen und nach Asien exportiert werden, wo sie inzwischen so gut wie ausgestorben sind.

Vor allem der Verzehr der Schuppen in gemahlener, gerösteter oder sonstwie aufbereiteter Form wird traditionell gegen allerlei Leiden empfohlen, von Menstruationsbeschwerden bis zu Geisteskrankheiten, und – wer hätte das gedacht – natürlich sind die Schuppen auch unglaublich aphrodisierend. Ihrer medizinischen Beliebtheit schadete bisher auch die Tatsache nicht, dass die Schuppen lediglich aus Keratin und nichts als Keratin bestehen, genauso wie unsere menschlichen Nägel oder Haare, man könnte also bei Impotenz – oder was immer man für Beschwerden hat – genauso gut seine Fingernägel kauen.

Die Lele vom Kasai

Bei der Suche nach dem Pangolin stieß ich auf eine britische Anthropologin, Mary Douglas, die in den 1950ern viele Jahre lang bei den Lele gelebt hat, einem Volk aus dem Kongo, und darüber ein ganzes Buch geschrieben hat, „The Lele of the Kasai".

Die Lele leben in der Nähe des Flusses Kasai; sie leben in der Nähe des Waldes und vom Wald, in dem sie sowohl Mais und andere Nahrung anbauen als auch jagen. Sie sind begeisterte Fleischesser, es wäre ihnen eine unvorstellbare Schande, einem Gast kein Fleisch anzubieten. Dabei ist die gemeinsame Jagd sozusagen das höchste Gut und der zentrale Bestandteil des Zusammenlebens der Lele. Sie sind der Überzeugung, das wahre Fleisch, das heißt reines und gutes Fleisch, könne nur aus dem Wald stammen. Sie essen keine gezüchteten Tiere, weder Ziegen noch Schweine, und auch keine Tiere, die sich zufällig in Menschennähe aufhalten wie Ratten oder Hunde. Wildtiere hingegen werden hoch geschätzt, vor allem Wildschweine und Antilopen.

Innerhalb der Jäger der Lele gibt es drei besondere Gruppen, die in Hinblick auf die Verteilung des Fleisches besondere Rechte besitzen: Die erste Gruppe ist die der Wahrsager, die Anrecht auf den Kopf und die Gedärme der Wildschweine haben. Die zweite Gruppe besteht aus Männern, die ein (1) Kind gezeugt haben. Sie erhalten die Brust vom Wild und das Fleisch der jungen Tiere. Und die dritte Gruppe sind die Pangolin-Männer. Die Pangolin-Männer, und nur sie, dürfen das Fleisch der Schuppentiere verzehren. Um ein Pangolin-Mann werden zu können, muss man mindestens einen weiblichen und einen männlichen Nachkommen gezeugt haben, also Sohn und Tochter haben.

Mary Douglas schreibt: „Für das große Ansehen des Waldes scheint es drei bestimmte Gründe zu geben: Er ist die Quelle aller guten und notwendigen Dinge, von Nahrung, Trank, Behausung, Kleidung; er ist die Quelle der heiligen Medizinen, und drittens ist er der Ort der Jagd, die in ihren Augen als die weitaus bedeutendste Tätigkeit gilt."

Pangolin

Das Schuppentier fasziniert mich auch deshalb, weil es so urzeitlich und archaisch wirkt, ein letzter, geschrumpfter Dinosaurier, ein vierbeiniger Ritter mit Kettenpanzer aus dem Mittleren Eozän. Das Pangolin ist einzelgängerisch und sehr scheu, und, sobald es angegriffen wird, völlig hilflos. Es rollt sich dann zusammen, und weil es am ganzen Körper, von der Schnauze bis zum Schwanz, mit Hornschuppen bedeckt ist, sieht es am Ende aus wie ein Reifen mit Schuppenpanzerung. Das schützt vor allen Angreifern in der Natur, sprich Raubtieren mit Krallen und Fangzähnen, nur eben nicht vor dem Menschen. (Die einzigen Exemplare in Europa, die jemals Nachkommen in Gefangenschaft gezeugt haben, gibt es übrigens im Leipziger Zoo, was ganz unbedingt für Leipzig spricht.)

Der Pangolinforscher Daniel Challender berichtet sehr plastisch von einer klandestinen Mahlzeit in einem Lokal in Ho Chi Minh City, das war noch im Jahr 2019. Drei Gästen, die ein Pangolin bestellt hatten, wurde das lebende Tier vom Kellner präsentiert. Es war in einem alten Sack gefangen und hatte sich schützend zusammengerollt. Die Gäste sahen sich das Tier an, hießen die Auswahl für gut, daraufhin wurde es mit einem Knüppel bewusstlos geschlagen. Anschließend schnitt ihm der Kellner die Kehle durch und fing sein Blut auf. Das Blut wurde vor den Augen der Gäste mit Alkohol vermischt und als Cocktail gereicht. Das Fleisch wurde später gekocht serviert.

Unwillkürlich ekelt es einen bei dieser Beschreibung, und ich glaube, dieser Ekel besteht unabhängig von der Gefahr, dass das Tier einen Virus übertragen könnte. Das Unanständige an dieser Geste: auf ein Lebewesen zu zeigen und zu sagen, ja, dieses wähle ich aus, und dieses und kein anderes soll jetzt und hier getötet werden. Für mich. Weil ich es so will. Die Verbindung von absoluter Macht und völliger Willkür in einem einzigen Kopfnicken. Das Obszöne daran.

Andrerseits: warum eigentlich? Ist es nicht im Gegenteil sogar viel ehrlicher, dem Wesen gegenüber zu treten, ihm noch mal ins Auge zu sehen – na ja, falls es sich nicht eingerollt hat –, jedenfalls, ihm einmal von Lebewesen zu Lebewesen zu begegnen und zu begreifen, dass dies ein Moment auf Leben und Tod ist. Und eben nicht nur ein Blick auf die Speisekarte, dem ein höflich ausgesprochener Wunsch folgt. Ist es nicht viel ehrlicher, sich der Tatsache zu stellen, dass man selbst die Tötung befiehlt, als sie irgendwo im Verborgenen eines Schlachthofs geschehen zu lassen, von schlecht bezahlten Arbeitern? Und immerhin haben wir inzwischen auch einen winzig kleinen Eindruck davon bekommen, was in der – wie heißt es so bürokratisch – fleischverarbeitenden Industrie also tatsächlich passiert, und was wir bei jedem Kauf von abgepacktem Aufschnitt gekonnt verdrängen. Oder liegt das Abstoßende darin, dass wir wissen, Pangoline sind seltene Tiere, weil vom Aussterben bedroht, und kostbar, und wir empfinden die Szene im Restaurant deshalb als dekadent?

Wie auch immer man es dreht und wendet, wir essen Fleisch nicht um zu überleben, jedenfalls normalerweise nicht, wir essen Fleisch aus Gier. Weil wir Lust darauf haben. Weil wir diese Lust nicht aufgeben wollen, uns nicht beherrschen können, produzieren wir unter grausamen Bedingungen Billigfleisch am Fließband. Man könnte auch sagen, dagegen ist die Begegnung eines Pangolins mit drei Gästen in einem vietnamesischen Restaurant geradezu ein zivilisatorischer Akt. Oder vielmehr noch ein quasi-religiöser Akt. Sein Blut wird getrunken! Ein messianisches Opferritual!

Der Gedanke, dass es eine andere Verbindung geben könnte zwischen uns und dem, was wir essen, außer einer ernährungsphysiologischen, ist uns in der westlichen Welt allerdings längst abhanden gekommen.

„Mamsa", das ist das Wort für Fleisch im Sanskrit; wobei die Silbe „mam" für „mich" steht und „sa" für „er". „Fleisch" bedeutet also „mich-er". Dahinter steht die Vorstellung, dass das Tier, das hier von mir gegessen wird, dann im Jenseits auf mich wartet. Und dort werde ich von ihm verspeist werden. So steht es im sogenannten Opfertraktat der Inder, Shatapatha-Brahmana. Die Umkehrung der Situation in einer anderen Welt wird so beschrieben: „Denn welche Speise der Mensch in dieser Welt isst, die isst ihn in jener Welt wieder." Es erscheint irgendwie logisch.

Aber man muss nicht bis Indien gehen; im Alten Testament war die rituelle Opferung und Verteilung der Tiere so bedeutsam, dass das Buch Levitikus in immerhin sieben Kapiteln ausführliche Anweisungen dafür gibt. Es erscheint logisch, denn es ist letztlich nichts anderes als eine Reverenz, eine Ehrbezeugung an das, was uns ernährt. Für uns Bewohner des 21. Jahrhunderts haben sich solche Verbindungen verloren außer, in dezidiert religiösen Zusammenhängen.

Theater

Das Theater ist in diesen Zeiten nicht gerade ein Ort der Ekstase, aber es ist einmal so entstanden; als ein Ort der Ekstase, als ein Ort der rauschhaften Zustände, der Feier des Lebens – ein Ort, an dem der Aufstand gegen die Götter geprobt wurde; aber davor einer, an dem sich der Mensch seiner Stellung innerhalb der Natur, des Kosmos vergewisserte, und das war ein Kosmos, in dem die Übergänge der Lebensformen fließend waren, in dem tatsächlich alles mit allem verbunden war und vielerlei Transformationen möglich.

In diesem dionysischen Theater, das am Anfang aller Theater war, erschien Dionysos in Tiergestalt – meistens als Stier oder Ziegenbock. Seine Gefährtinnen trugen die Felle wilder Tiere, säugten Hirschkälber, zerrissen mit bloßen Händen junge Rehe und verschlangen das rohe Fleisch. Wenn junge Frauen an diesen Ausschweifungen nicht teilnehmen wollten, konnte es vorkommen, dass Dionysos sie regelrecht in den Wahnsinn trieb. So heißt es von den Töchtern des Königs Proitos, dass sie im Gebirge herumliefen in der Vorstellung, Kühe zu sein, und ihre eigenen Säuglinge verschlangen. Die Töchter von König Minyas wiederum, die auch keine Lust auf Orgien mit Dionysos hatten, verwandelte er kurzerhand in – Fledermäuse.

Der Mythos ist ein Mythos, und als solcher grausam und schön zugleich. Tröstlich darf man ihn finden, weil er bei aller Grausamkeit im Kern vom selbstverständlichen und untrennbaren Zusammenhang aller Arten, aller Lebensformen auf der Erde handelt, seien sie pflanzlicher, tierischer oder menschlicher Natur, organischer oder anorganischer.

Immerhin also könnte uns dieses bescheuerte Virus daran erinnern, dass wir eben nicht außerhalb stehen, außerhalb des Zusammenhangs aller Lebewesen. Aber wir sind so intrigiert von unseren technologischen Errungenschaften, Erfindungen und Möglichkeiten, dass wir die tatsächliche Fragilität allen Lebens nicht wahrhaben wollen.

Es ist so, als ob auf dieser Erde gerade ein gigantischer Potlatch stattfinden würde, eine Orgie der Zerstörung, ein Wettbewerb der Zerstörung, angetrieben von Regierungschefs, die so agieren, als wäre jegliche Natur ihr Privatbesitz. Sie prahlen, damit tun zu können, was sie wollen, mit dem Land, dem Wald, den Flüssen, den Bodenschätzen, dem Eis – jeder von ihnen fühlt sich unangreifbar, wer am meisten zu zerstören bereit ist, hat gewonnen und genießt das höchste Ansehen.

Aber wer könnte ernsthaft glauben, das Überleben von Flora und Fauna auf der Erde hinge von uns ab? Es verhält sich genau umgekehrt. Es ist eine niederschmetternde Erkenntnis, dass das Leben auf der Erde uns nicht braucht, und dass das Ökosystem dieses Planeten nichts dafür tun wird, um uns, die Menschen, zu schützen oder unsere Art zu erhalten. Es wird keine rote Liste für uns geben, keine Reservate und kein Verbot, uns auszurotten. Wir werden untergehen. Wir werden untergehen, solange wir uns weiter nur mit uns selbst beschäftigen und uns für das überlegene, das wichtigste Wesen auf dieser Welt halten.

Und ja, es gibt eine Vision für die Theater der Zukunft. Auch wenn sie den Intendanten nicht gefallen wird. Ich stelle mir vor, dass die Räume allmählich zurückerobert werden. In den aufgegebenen Garderoben haben Füchse ihren Bau, Fledermäuse nisten im Schnürboden, aus dem die meterlangen Lianen der Waldrebe wuchern, willkommene Kletterhilfe für die Baummarder und Eichhörnchen die sich auf der großen Bühne eingefunden haben. Zwischen den Sitzreihen genug Platz für Wassergräben, für Brachvögel, Reiher und Haubentaucher. Und auch für Biber und die ein oder andere Otterfamilie.

Der Regen wird seinen Weg durch das lecke Dach finden, und in den Rängen werden die morschen Sitze zu Höhlen für Eulen und Dachse und Iltisse. Im Saal enspringt eine Quelle und fließt in Kaskaden ins Foyer. Aus der Kantine wird allmählich ein Sumpf, ein Morastgebiet mit Schlangen, Fröschen und Bisamratten. Das drüsische Springkraut besiedelt die Probenräume. Hinten im Hof hausen die Hasen. „Wenn sie mit Fleischermessern durch eure Schlafzimmer geht, werdet ihr die Wahrheit wissen", heißt es in Heiner Müllers *Hamletmaschine*. Wenn Schilf im Foyer wächst und Birken in der Bar, wenn Vögel durch die Kammerspiele fliegen und die ersten Wölfe durch die Gänge streifen – werden wir die Wahrheit wissen?

Eine schöne Vorstellung.

Dea Loher war Jurorin der ATT 2020. Für das Festival zählt sie zu den prägendsten Autor:innen überhaupt. Viele ihrer Stücke waren bei den ATT zu sehen.

John von Düffel

Autor:innen ans Theater

Betrifft: Bewerbung um das Theater der Altmark in Stendal

John von Düffels *Das schlechteste Theaterstück der Welt* war einer der Gewinnertexte der ATT 1995.

Sehr geehrter Herr Oberbürgermeister,
sehr geehrte Damen und Herren der Findungskommission,

mit dem folgenden, zugegebenermaßen sehr ungewöhnlichen Theaterkonzept möchten wir uns um die Leitung des Landestheaters Sachsen-Anhalt Nord in Stendal bewerben. Wir – das sind Autorinnen und Autoren aus drei Generationen, für die ich als der biologisch älteste nur sprechen kann, weil das Nichtidentische zu unserem zugegebenermaßen sehr ungewöhnlichen Theaterkonzept gehört. Es ist geradezu das Konzept eines Theaters des Nichtidentischen (auch wenn wir uns logischerweise mit Identitätsbehauptungen sehr schwertun). Aber dazu später mehr. Zunächst einige Beobachtungen über die derzeitige Entwicklung des Theaters, die uns zu dieser Bewerbung veranlasst haben.

Erstens: Alles ist lauter geworden, auch das Theater. Es hat versucht, beim Lauterwerden von allem mitzuhalten (mit dem Erfolg, dass es kaum noch gehört wird), anstatt das Leiserwerden zu riskieren. Das Theater hat sich überschrien.

Zweitens: Das Theater ist kein Medium mehr, sondern inzwischen „irgendwas mit Medien". (Neulich war ich im Theater, ohne einen einzigen Schauspieler zu sehen. Letztens war ich wieder da, und von den vielen Schauspielern, die zu sehen waren, hat kein einziger gespielt.)

Drittens: Aus Angst, nicht zeitgemäß zu sein, ist das Theater der Zeit hinterhergelaufen, anstatt für das Unzeitgemäße einzutreten und den Anachronismus zu feiern.

Viertens: Das Authentische. Warum sollte Theater authentisch sein? Die Fahrt ins Theater (im ÖPNV) ist authentisch genug.

Fünftens: Die Verwechslung des Moralischen mit dem Ästhetischen, des Konzeptionellen mit dem Künstlerischen, der Metaebene mit der Vorbühne, des Diskurses mit dem, was das Theater zu sagen hätte ... (Neulich war ich im Theater und kam mir vor wie bei Frank Plasberg. Dann war ich in einem anderen Theater und dachte, ich bin bei Anne Will.)

Sechstens: Die Liste ließe sich fortsetzen.

Siebtens, summa summarum: Das Theater hat sich zu einer Legitimationsanstalt für Theater entwickelt, es legitimiert sich durch alles Mögliche, aber immer weniger durch sich selbst.

Positiv formuliert: Wir sind für alles! Das Theater muss lauter, medialer, zeitgemäßer, authentischer, moralischer, konzeptioneller, politischer werden und vieles anderes mehr. Es muss ein Theater der Vielen sein, ein Ort der Diversität. Aber es sollte auch nicht vergessen, dass es schon immer ein Ort der Nichtidentität war, der einzige Ort auf der Welt, an dem ich nichtidentisch sein darf! (Und Sie natürlich auch, lieber Herr Oberbürgermeister, liebe Findungskommission.)

Schön und gut, werden Sie sagen, gut und schön. Aber warum sollten deshalb alle Autorinnen und Autoren aller Jahrgänge der ATT das Theater der Altmark in Stendal übernehmen?

Ich werde es Ihnen sagen, auch wenn es Ihnen genauso gut jede/r andere aus drei Autor:innen-Generationen sagen könnte: Es geht um Texte, und es geht um Drogen. Jeder Text ist eine Droge (auch wenn er viel Arbeit macht, bis er wie eine Droge wirkt, und man mit Identitätsmetaphern sparsam sein sollte). Jeder Text ist eine Droge des Nichtidentischen, eine bewusstseinserweiternde Substanz, der Stoff, aus dem die Träume sind. – Lassen Sie sich das von einem Alt-Junkie gesagt sein, ich bin seit über 25 Jahren drauf.

Zum Beispiel: In dem Moment, in dem ich „ich" schreibe, bin ich es schon nicht mehr. Eine Differenz, ein Spalt, ein Abstand tut sich auf, der sich mit jedem weiteren Wort wie eine Tür öffnet – und noch bevor ich diesen Satz beendet habe, befinde ich mich schon in einem Raum der Möglichkeiten, ohne meinen Stuhl verlassen zu haben und irgendwie doch, ich bin eigentlich gar nicht mehr auf dem Stuhl, sondern schon abgehoben und unterwegs in die Dimension des Möglichen, des Nichtidentischen, des Theaters.

Wie gesagt, wir möchten uns mit Identitätsmetaphern zurückhalten und hätten den Begriff der Bewusstseinserweiterung auch nicht aus der Mottenkiste der 70er Jahre geholt, wären die Zeiten nicht so identitätspolitisch eng und bewusstseinsschrumpfend. Das Nichtidentische ist nicht unsere Erfindung, sondern ein Grund- und Freiheitsrecht. Insofern sehen wir Theaterautor:innen es als unsere Aufgabe, daran zu erinnern, bevor ein/e jede/r von uns noch mehr auf sich selbst reduziert und möglichkeitsminimiert wird. Wir erleben das Identische als Diskriminierung, die Zuschreibung unserer Biographien als ungerecht, die Ausgrenzung des Möglichen und Nichtidentischen als repressive Praxis. Dagegen möchten wir mit der Übernahme des Theaters der Altmark in Stendal ein Zeichen setzen!

Lieber Herr Oberbürgermeister, liebe Damen und Herren der Findungskommission, Sie wissen, was ich meine, und ich glaube, Stendal weiß es auch – mehr als jede andere Theaterstadt der Republik (obwohl man bei Stendal vermutlich nicht als erstes an eine Theaterstadt denkt). Doch im Gegensatz zu Berlin, das ständig behauptet, Berlin zu sein („Dit is Balin!"), oder München, das hauptsächlich aus der Identitätsbehauptung von München besteht („Mia san mia!"), ist Stendal nicht Stendal. Unlängst, also genau genommen kurz nach dem Mauerfall, kaufte ich mir eine Fahrkarte dorthin (damals noch am Schalter, es war, genau genommen, Anfang 1990) und wurde ausgelacht. Ich hatte leicht französelnd „Stendhal" gesagt (sprich: „S-ton-daal") und bis der Beamte am Schalter es für sich ins DB-Deutsch übersetzt hatte („Schtenndal"), vergingen einige Momente heiteren Unverständnisses. Was ich damit nicht sagen will, dass Stendal das Pseudonym eines napoleonischen Soldaten auf dem Durchmarsch wurde, der sich dort in eine schmucke Altmärkerin verguckt hatte und später zu einem der bedeutendsten französischen Romanciers avancierte. Wir alle wollen damit sagen: Stendal ist ein Pseudonym für eine Stadt der verborgenen Poesie! Es ist mehr als nur es selbst: ein Ort der Nichtidentität, Theater!

Im Übrigen, Herr Oberbürgermeister, weiß das auch Ihre Landesregierung: Neulich fuhr ich mit dem E-Auto und ein paar jüngeren, E-Auto-fahrenden Autor:innen von Berlin Richtung Magdeburg/Stendal, und wir staunten nicht schlecht: Mitten in der Ödnis flurbereinigter Ex-LPG-Landschaften begrüßte uns Ihre Regierung in Gestalt eines Autobahnschildes mit der Aufschrift: „Willkommen in Sachsen-Anhalt – Land der Frühaufsteher!" Mit Verlaub, Herr OB, aber das kommt einem Bekenntnis gleich. Schließlich wissen wir alle (und Sie besser als wir), dass es in Sachsen-Anhalt wenig Grund zum Frühaufstehen gibt. Aber darum geht es nicht. Es geht nicht um Wahrheit oder Lüge, sondern um Poesie. Und welche andere Landesregierung dieser Republik hätte den Mut (oder den Mut der Verzweiflung), nicht mit ihrem regionalen Alleinstellungsmerkmal für sich zu werben, sondern mit Dichtung, frei erfunden! Das bringt nur Sachsen-Anhalt, weil es, wie der Doppelname schon sagt, weder Sachsen noch Anhalt ist, sondern das Land der Nichtidentischen. Wir – die Autor:innen aller Autor:innentheatertage – fühlen uns naturgemäß angesprochen, lieber Herr OB, liebe Landesregierung, wir fühlen uns von Ihnen nachgerade gerufen und möchten diesem Ruf gerne folgen ans Landestheater der Frühaufstehenden in Sachsen-Anhalt Nord, aus Liebe zur Poesie und als Ihre Mitstreiter:innen bei der Stendhalisierung der Altmark!

Damit ist alles gesagt und diese Bewerbung beendet. Nur wäre es keine Bewerbung des Nichtidentischen, wenn das Ende das Ende wäre. Gestatten Sie mir noch ein persönliches PS, nur um deutlich zu machen, wie sehr Stendal nicht nur unser künstlerischer Standpunkt ist, sondern auch eine Herzensangelegenheit, zumindest für mich, wenn ich das sagen darf. Ich weiß nicht, ob Sie sich noch erinnern, Herr Oberbürgermeister oder der eine oder die andere in der Kommission, aber ich war schon mal da. Kurz nach der Wende, als junger Autor und Dramaturg, so jung wie die jüngsten meiner Mitbewerber:innen jetzt.

Damals war das Theater nicht im Theater (sic!), sondern in einem Ausweichquartier, einem ehemaligen Offizierskasino auf dem russischen Garnisonsgelände. In den Büros der abgezogenen Kommandantur durfte ich damals meine ersten Theatererfahrungen machen, unter anderem als Aushilfsdramaturg für eine Inszenierung von *Wallensteins Lager*, welches angesichts des kleinen Ensembles aufgefüllt werden musste mit Kleindarstellern aus der Statisterie. Selbige bestand aus lauter Baufacharbeitern, die (Sie erinnern sich) durch den Baustopp für das größte AKW auf deutschem Boden 15 Kilometer nordöstlich von Stendal schlagartig arbeitslos geworden waren. Die Nacht, von der ich erzählen will, folgte auf die Abendprobe, während der das Theater erfahren hatte, dass sämtliche Baufacharbeiter ein Angebot für einen Autobahnbau bei Gifhorn bekommen hatten und *Wallensteins Lager* noch vor der Premiere verlassen wollten, weshalb ich bis nach Mitternacht noch im Theater/Militärbüro saß – mit der Aufgabe, durch einige geschickte Kürzungen aus Schillers Historiendrama ein Drei-Personen-Stück zu machen.

Ich war ein wenig übermüdet, daher traute ich meinen Ohren nicht recht, als ich anfing, seltsame Geräusche zu hören, ein Kreischen, Quietschen, Greinen oder Weinen, das weder menschlich klang noch tierisch, sondern irgendwie anorganisch, wie Metall auf Metall. Ich strich noch etwas Schiller, aber das Geräusch kam wieder und näher. Dann hörte ich jemanden an meiner Tür. Ich sprang von meinem Schreibtisch auf, als plötzlich ein junger russischer Soldat im Raum stand (noch jünger als ich), einen Schraubenschlüssel in der Hand, mit dem er, wie er mir gestikulierend zu verstehen gab, die Armaturen der Waschbecken demontieren wollte, vermutlich, um sie in seiner Heimat gewinnbringend zu verkaufen oder wieder anzubringen. Eine Weile stand ich unschlüssig da (sollte ich die Polizei rufen oder den Pförtner?), dann half ich ihm. Wir montierten die Wasserhähne sämtlicher Waschbecken im ersten Stock der Theater/Militärverwaltung ab und verstauten sie in seinem Wäschesack, der so schwer wurde, dass ich Nikita (inzwischen nannten wir uns beim Vornamen) helfen musste, seine Beute zum Bahnhof zu tragen. Sein Zug ging noch vor Tagesanbruch.

Es war ein Güterzug auf einem Abstellgleis neben einer Verladerampe. Wir mussten mehrere Schienenstränge überqueren und den Sack durch die Toröffnung eines Güterwagons hieven. Die Wachposten auf der Rampe grüßten uns nicht, sondern wandten sich ab und rauchten in Richtung der niedrigen Natronlampen. Nikita bot mir einen Schluck Wodka an zum Dank für meine Hilfe, ich lehnte ab, weil ich noch arbeiten musste, und wünschte ihm Glück auf den Weg. Zum Abschied schenkte er mir ein Lachen, bei dem ich sehen konnte, dass ihm eine halbe Zahnreihe fehlte. Nachdem ich über die Schienen zurückgestapft war, drehte ich mich noch einmal nach ihm um, aber er schaute nicht mehr zu mir, sondern teilte sich mit den Wachposten den Wodka in seiner Feldflasche. Was aus ihm geworden ist, ob ein russischer Stendhal oder ein glücklicher Klempner – ich weiß es nicht. Ich erinnere mich nur noch, dass ich ihm in meiner Strichfassung von *Wallensteins Lager* einen Monolog widmete, bevor ich mit dem Kopf auf dem Schreibtisch einschlief. Ich wachte erst wieder auf, als die Kollegen am nächsten Morgen feststellten, dass sie sich nicht mehr die Hände waschen konnten.

Immer, wenn ich an Stendal und das Theater des Nichtidentischen denke, lieber Herr OB, liebe Findungskommission, denke ich an diese Nacht.

Für Rückfragen stehe ich Ihnen gern zur Verfügung.

Mit freundlichen Grüßen

Ihr
John von Düffel

II

Sivan Ben Yishai

Hört auf die Leerstellen

Aus dem Englischen von Henning Bochert.
Sivan Ben Yishais Theaterstück *YOUR VERY OWN DOUBLE CRISIS CLUB* war eines der Gewinnerstücke der ATT 2017. *Wounds Are Forever (Selbstportrait als Nationaldichterin)* war 2022 als Gastspiel zu sehen.

Eine Bitte an die Regisseurin, an den Regisseur, die Bildhauer sind – daher Ko-Autor:innen, und ein aufrichtiger Appell an die Darsteller:innen, die die Körper sind – daher der Text.

Vielen Dank, dass ihr eure Körper für diese radioaktive, kakophonische Klage zur Verfügung stellt. Eure Körper sind ein eigener, zusätzlicher Text. Ihr wisst, ihr werdet geprüft und angeschaut, und ihr wisst, wie man zurückglotzt. Ihr wisst, ihr werdet bewertet und zum Objekt gemacht, und ihr wisst sehr genau, wie ihr die Zuschauer:innen zu Objekten macht. Der Drang zu widersprechen ist euch wohl bekannt. Diesen Text dürft ihr gern dafür benutzen.

Der Text soll euch nicht führen (und ich entschuldige mich, dass ich das oft vergesse), er soll euch nicht beherrschen (und es tut mir leid, dass ich noch keine Form gefunden habe, die das wirklich unterlässt), sondern euch vielmehr eine Frage stellen, eine Frage zu Körpern und ihrer Besetzung, zu Ort und Verortung, zu Anwesenden und Abwesenden, Sprechenden und Zuhörenden. Es geht um die Stimme, die einem bestimmten Text gegeben und so einem anderen genommen wird.

Nun gut, wir fangen jetzt an.

Der Text kann Spuren von Klammern oder Bühnenanweisungen enthalten. In diesem Fall muss ich mich nochmals entschuldigen. Alles, was gesagt wird, sollte laut ausgesprochen werden.

Anders als mit den Klammern verhält es sich mit den Leerstellen zwischen den Sätzen. An jeder dieser Stellen wären alle nicht erzählten Geschichten zu finden. Bitte abbremsen. Die verstummten Geschichten sind die wichtigsten.

Worte sind oft der Anlass für die nicht erzählten Geschichten, schweigend dastehen zu können. Ohne Worte gibt es keine Leerstellen, daher müssen Worte geschrieben werden.

Hört auf die Leerstellen.

12

Andri Beyeler

fürs theater schreiben

Storyboard für ein grafisches Gedicht

Andri Beyelers Theaterstück *the killer in me is the killer in you my love* war eines der Gewinnerstücke der ATT 2002 und 2014.

1. PANEL

BILD: Die Eingangspforte eines Theaters, an der ein Plakat hängt. Barblin und Eike stehen davor und betrachten es.

TEXT: Neulich nahmen Eike und ich in Form einer Lesung mit Bild und Ton an einem Literaturfestival teil, das in einem Theater stattfand. Gleichsam aus gegebenem Anlass fragte ich Eike, warum er eigentlich auch fürs Theater schreibe. Wegen Sachen, die sich schwer in Comics umsetzen lassen, aber erzählt werden wollen, auch Musik, oder umgekehrt, drum auch Theater, oder umgekehrt, sagt Eike und grinst. Ich lächle müde, denn ich weiß: Er zitiert eine Kurzbio von uns aus dem letzten Jahrhundert.

2. PANEL

BILD: Eike, rechts hinter einem Tischchen, auf der Bühne beim Soundcheck.

TEXT: Beim Soundcheck ergibt sich aufgrund eines technischen Problems eine kleine Warterei. Wie ich mich vielleicht erinnern könne, fängt nun Eike selbige zu überbrücken an, komme er ja von der Bühne her, nicht vom Schreibtisch, also vom Theaterspielen. Oder ob ich seine Auftritte als Spieler im Jugendclub etwa verdrängt habe? Dass er dies verstehen könnte, meint Eike, schließlich habe auch er mit der Zeit herausgefunden, dass Spielen aus diversen Gründen vorbei sei. Da er des Weiteren gemerkt habe, dass er auch nicht Regisseur werden wolle, aber gewusst habe, dass er weiter mit Theater zu tun haben möchte, sei ihm fast nur noch das Schreiben geblieben. So sei es ihm damals zumindest vorgekommen.

3. PANEL

BILD: Barblin, links mit Gitarre, auf der Bühne beim Soundcheck.

TEXT: Ich werfe ein, dass er davor schon – nein, keine Gedichte – Songtexte geschrieben habe und selbstgetextete Comics gemacht. Er habe damals sehr wohl einmal Gedichte verfasst, erwidert wiederum Eike, nämlich für einen Lyrikwettbewerb. Da habe er über ein paar Songtexte, von denen er fand, dass sie sich durch eine gewisse Innerlichkeit auszeichnen, je zwei Löffel Pathos gekippt und sie eingereicht. Weil er dachte, er könnte das Preisgeld gebrauchen. Natürlich habe er nichts gewonnen, jedoch sei damit ein nicht unwesentlicher Aspekt angesprochen. Er habe, so Eike, relativ bald mitbekommen, dass man hierzulande vom Theater leben könne. Ob mir in unseren Anfängen jemand bekannt gewesen sei, der seinen Unterhalt mit Musik oder Comics bestritten hätte? Na also. Die Technik kriegt das Problem in den Griff.

4. Panel

BILD: Barblin und Eike hängen in der Garderobe.
TEXT: Aber natürlich schreibe er auch aus anderen Gründen fürs Theater, setzt Eike wieder an. Er möge es, ganz simpel, einfach, wenn jemand kommt, sich hinstellt und sagt: Es war einmal. Also spricht. Dass dies Jetzt geschehe, unmittelbar, und dieses Es war einmal an einen Körper gebunden sei. Dass dieser Körper ganz und selbst in Versehrtheit unversehrt präsentiert werde respektive als solcher erlebbar sei, der nur bedingt gelenkte Blick. Dass jederzeit alles passieren könne, die Nichtwiederholbarkeit, gewissermaßen der Ausnahmezustand. Vor allem aber möge er, so Eike, dass sich ein Zustandekommen aus einem Miteinander ergebe. Dass verschiedene was dazu beitragen. Teile und Summe und so.

5. Panel

BILD: Barblin, links mit Gitarre, auf der Bühne am Performen.
TEXT: Natürlich mache es dieser Austausch auch schwierig, fügt Eike an, als wir uns so langsam für die Bühne bereit machen. Auch habe er den Eindruck, so Eike weiter, als sei es etwas enger geworden im Theater der letzten Jahre. Dass einem da im Bemühen, etwas zur Welt zu sagen, die Welt ein wenig abhandenkomme, jenseits der Bretter. Dieses Gefühl, auch für Außenstehende das Leben zu sein

und nicht Aussage darüber. Was, wie er wisse, natürlich alles leicht gesagt sei, wenn man sich nicht mehr so ganz dazugehörig fühle.

6. Panel

Bild: Eike, rechts hinter einem Tischchen, auf der Bühne am Performen.

Text: Jedenfalls, so Eike, wenn dieser Austausch halt nicht gelinge. Weil man sich nicht richtig verständigen könne, etwa über den Grad geleisteter und zu leistender Arbeit. Oder wer meine, sich alles passend machen zu können, und nicht merke, was er oder sie dabei alles verpasse. Und nein, er habe nichts gegen Projekte als solche, er mache ja selber welche. Mit mir hier zum Beispiel. Übrigens gedenke er, am Schluss des dritten Blocks die beiden letzten Sätze heute wegzulassen.

7. Panel

Bild: Barblin und Eike verbeugen sich auf der Bühne am Ende der Show.

Text: Und ob das alles überhaupt so wichtig sei, flüstert mir Eike noch zu. So richtig vermutlich nicht wie so richtig vermutlich trotzdem, denke ich, als wir die Bühne betreten, diesen Raum des Ausprobierens für mich, wo scheitern möglich ist und darum auch sich ausliefern. Dann legen wir auch schon los und mit den ersten Tönen, den ersten Wörtern und Bildern denke ich noch, von sich erzählen, ohne sich zu sehr zu quälen, und gleichzeitig die Phantasiemaschine anwerfen. Den Horizont erweitern und im besten Fall auch die Empfindsamkeit. Aufbruch anzetteln und Trost spenden. Wunden in Fingern spüren und Kribbeln sonstwo. Die Schönheit des Schorfs.

13

Kevin Rittberger

Was die Welt werden mag

Kevin Rittbergers Kurzstück *Blackout White Noise (wenn ihr schweigt, werden die Steine schreien)* entstand für die ATT 2020. Daraufhin fragte Rittberger die französische Autorin Penda Diouf, den Text weiterzu-schreiben. Am Ende schrieben beide an einem gemeinsamen Stück, das bei den ATT 2021 zu erleben war. Bereits 2013 wurde sein Stück *plebs coriolan* zu den ATT eingeladen.

Soll ich, weil's Brauch ist, ein Stück Eisen stecken in das nächste Fleisch oder ins übernächste, mich dran zu halten, weil die Welt sich dreht? Oder kann ich das Tor der patriarchalen Kornkammer öffnen, die ohnehin noch satt machen wird für ein paar Jahre?

Ich war lange im mineralischen Sulfatstein eingeschlossen, links von mir Sedimente, rechts Granit. Erst tat sich was, als eine Myzelspitze einen Riss witterte und mir so in der Windeseile von Hunderttausend Jahren Luft und Licht verschaffte.

Ursprünglich hat niemand an einem Orte der Erde zu sein mehr Recht als der andere. Gabst du ihnen einst zur Heimat blinde Hoffnung, Prometheus?

Da die Möglichkeiten dafür, was die Welt werden mag, in der Pause ausgerufen werden, die jedem Atemzug vorausgeht, stellt sich eine friedfertige Betrachtung eines solchen Wesens ein: Er weiß nicht wohin, so lässt sich seine Geschichte vielleicht begreifen.

Verrückter Satz, aber das macht nichts. Mit dem Zweifel kommt das Menschsein in die Welt.

Nur war es ihm manchmal unangenehm, dass er nicht auf dem Kopf gehen konnte. Mit dem Haupt entlang der Grasnarbe schrammen, aufzuheben, was getreten war mit Füßen.

Lange glaubte er noch den Wald zu durchschreiten, in dem betäubend warmen Wind. Der Wald war kein Wald, der Wald war Forst, Plantage, und er fiel nun den Käfern zum Fraß.

Wer? Der Entwurf?
Nein, der Mensch!

Liegen und friedlich in den Himmel schauen, sein, sonst nichts: Darin lag kein Versprechen.

Seine vielen, im Vergleich zu seinem sonstigen Umfang kläglich dünnen Beine flimmerten ihm hilflos vor den Augen. Lichtstrahlen sammeln hieß, nicht wissen ob dies Wellen oder Teilchen waren.

Morgens um 9 lag ihm das Bier wie Blei im Magen. Er hatte seine Norm erfüllt, Nachtschicht heißt tagsüber pennen.

Du bist doch kein Ausbeuter! Das Einfache ist schwer zu machen, aber das Schwere ist auch schwer zu machen.

Ich muss fort. Er geht.

Ein Chor, der die Arbeit abschafft.

Ich muss, wir müssen, WICH muss mal.

Viele sind einverstanden mit Falschem, aber er ist nicht einverstanden mit der Krankheit, sondern daß die Krankheit geheilt wird. Er eilt, rast, rettet und hetzt, vergisst sich schnell an allen Fronten.

Wir sind Ausheger! Symbionten! Unsere Sorge gilt nun allen.

Mauern werden fallen, auf Anemonen und Korallen. Anemonen und Korallen.

Sie, ohne ihr Wissen in andere Umstände gekommen. Er spürte einen Elefanten im Bauch.

Gesetzt, wir hätten als Menschen produziert: Unsere Produktionen wären ebenso viele Spiegel, woraus unser Wesen sich entgegen leuchtete. Irgendwie aber war noch keine konviviale Konversion der Kriegsmaschinerie in Sicht.

Alle Drohnen stehen still, wenn unser starker Arm es will! Mir ist schwindlig.

Erzählen Sie, was Sie nach den einundzwanzig Monaten zur Welt gebracht haben?
Lasst euch nicht umschlingen, ihr 150000000!

Noch ist es uns, sagten wir, nicht vergönnt, nicht zu töten.
Wo sind wir, vor oder nach welchem Krieg?

Gestatte, dass wir ihn verändern, nach den Bedingungen unseres Lebens. Den Staat gibt es erst verhältnismäßig kurz.

The revolution will not be televised! Radio Cooperativa.

Jetzt hast du schon wieder einen heimlichen Schnaps neben das aussichtslose Malwasser gestellt. Salud!

Ein Schwarzer Block hüpft zum letzten Mal. Seine Tränen sind noch nicht getrocknet, da spuckt bereits ein Ewiggestriger der neuen Zeit in ihre offenen Augen.

Die Liebe ist in der Lage, die Stadt zu durchfließen. Und oft kommt es vor, dass auch ich, wenn der Schmerz zu stark ist, anstatt in tausend Stücke zu zerspringen wie eine Granate, schreie.

Ich hörte mich mal sagen: Liebe hat keine Ursache.
Was mich anbelangt, so klebe ich fest an meiner Angst.

Und ich bin so dankbar, dass du eine wirkliche Person geworden bist. Ab heute regiert UKI die Welt, eine universelle künstliche Intelligenz.

In unserer Pflegeeinrichtung ist es untersagt, Geschichtsverfälschung zu betreiben!
Nachahmung ist Vorahmung, Neuanfang in jeder Zelle, die zur Freiheit strebt.

Die Geschichte aller toten Geschlechter lastet wie ein Alp auf dem Gehirne der Lebenden. Mindestens die Hälfte davon ist wahr, aber frag mich besser nicht welche.

Sie spielen das Stück zum 84. Mal! Wieso spielen Sie mit einem Funken der Hoffnung im Gesicht? Es geht ja am Ende nicht gut aus! Könnte doch aber!

K hat nach ein paar Sätzen gesucht, die sich tief in seinem Inneren eingegraben haben. Ein paar davon könnten eine Liebe zum Theater, dieser tentakulären und spektakulären Suchmaschine, schon begründen.

14

Nuran David Calis

Dog eat Dog 2003 ... Erinnerung

Dog eat Dog von Nuran David Calis war eines der Gewinnerstücke der ATT 2003. Mit *Die Lücke. Ein Stück Keupstraße* war er im Jahr 2015, mit *Glaubenskämpfer* 2016 zu den ATT eingeladen.

... Ich erinnere mich noch sehr genau an den Moment, in dem ich den Anruf von Ulrich Khuon bekam. Ich war an einem sehr schwierigen Punkt, ich hatte gerade das Regiestudium an der Otto Falckenberg beendet und wollte nicht als Regieassistent arbeiten. Ich war während des Studiums zwei Jahre Assistent an den Münchner Kammerspielen gewesen und fand es schwierig, nochmal als Assistent an einem anderen Theater zu arbeiten. Alle meine Versuche, eigene Stücke, eigene Inhalte, meine eigene Sprache auf die Theaterbühne zu heben, wurden nicht erhört. Ich war pleite, hatte überhaupt kein Geld mehr, nur Schulden. Mein Bafög ging zu Ende und musste zurückbezahlt werden. Ich fing wieder als Türsteher an im Münchner Nachtleben, Scalar Lounge, Werkbar, Ultraschall. In diesen Nächten, schon während des Studiums, fing ich an, auf Bierdeckel meine Stücke, Szenen, Monologe zu schreiben, die ich tagsüber auf die Bühne zu setzen versuchte. Nach dem Studium begann ich damit, im Off-Theater zu arbeiten. Das Münchner Transport Theater gab mir einen Abend; ich musste nichts bezahlen, musste aber die Einnahmen des Abends dem Besitzer überlassen. Ich vernähte Gedanken von mir, die ich in den Nächten an der Tür hatte. Es sollten die ersten Bausteine werden zu meinen Stücken *Dog eat Dog* und *Cafe Europa* ... all meine Texte waren durchzogen von der Gegenwart und meiner Biografie. Ich ließ mich anheuern bei großen Musiklabels, bei Warner Bros. und Universal Music, um Hip Hop-Clips zu drehen, nur um die Chance zu haben, Regie zu führen. Ich klopfte bei den Münchner Kammerspielen an, ich hörte, dass Feridun Zaimoglu dort den *Othello* bearbeitet, ein Gastarbeiterkind wie ich. Ich sprach mit der Dramaturgie, ob ich nicht auch einen Text angehen könnte; sie sagten nein und boten mir an, eine Probendoku über Zaimoglus *Othello*-Produktion zu machen. Das war nett gemeint, aber es war nicht das, was ich wollte. Es waren Jahre der Krebsgänge. Bis ich von einem Freund, Hans Löw, mit dem ich drei Jahre in München zusammengewohnt hatte, der als junger Schauspieler nach der Falckenberg-Schule ans Thalia Theater gegangen war, einen Tipp bekam: er meinte, ich solle meinen Text zu den Autorentheatertagen ans Thalia Theater schicken. Ich schaute mir die Einsendebedingungen an und sah, dass es eine Jury gab, und eine Altersbegrenzung, dass es um neue, unveröffentlichte Stücke ging; es war auch nicht zwingend, einen Verlag im Rücken zu haben, denn das hatte ich natürlich auch nicht. Innerhalb von 10 Tagen schrieb ich eine Geschichte auf, mit allen Schnipseln und Versatzstücken meines Lebens als Teenager: *Dog Eat Dog*. Ich wollte schauen, ob es einen Weg und Platz für mich im „deutschen" Theater geben könne. Wenn nicht, dann wollte ich ganz mit dem Theater aufhören. Ich war in dieser Zeit sehr unsicher, ob es Stimmen wie meiner gelingen könne, einen Weg ins Stadttheater-System zu finden. Ich sah einen, dem es gelang; das war Zaimoglu. Der war zwar Romanautor, aber dennoch konnte er etwas für die Kammerspiele schreiben. Und ich sah Fatih Akin im Film ... Filme und Bücher waren offener gegenüber Biografien, die der meinen ähnelten, und ich hatte wenig Hoffnung, dass überhaupt ein Migrantenkind, ein Gastarbeiterkind, ein Flüchtlingskind, aufgewachsen in einer Plattenbausiedlung, dessen Eltern keine Akademiker waren, mit seinen Geschichten einen Platz in der deutschen Theaterlandschaft bekommen könne – mit Geschichten, die angesiedelt waren in den Peripherien oder Flüchtlingsheimen. Und dann bekam ich ihn.

Zurück zum Anruf: Ich kann mich an jede Einzelheit erinnern. Uli fragte mich, ob das Foto, das auf die Fassung geklebt sei, ob das ich sei, auf diesem Bild? Ja, sagte ich. Ich war da 16 – zusammen mit meinen Freunden aus Siedlung. Es hätte das Personal aus dem Stück sein können. Ich hatte das Foto auf die Titelseite des Stückes geklebt, unter den Titel. Uli fragte mich, ob er helfen solle, einen Verlag zu finden? Jetzt, da sie sich entschlossen hätten, die Uraufführung anzugehen. Erst in diesem Moment verstand ich, dass mein Stück ausgesucht worden war. Ich freute mich und meinte, dass ich schon eine Vorstellung von einem Verlag hätte. Ich wollte unbedingt zum Fischer Verlag. Ich rief an, sprach mit der Lektorin Frederike Emmerling und mit Bettina Walther, schickte ihnen mein Stück. Der Verleger Uwe Carstensen meldete sich sehr schnell und sie luden mich am Telefon nach Frankfurt ein. Ich legte auf und bemerkte, dass ich mir noch nicht mal die Zugreise leisten konnte. Ich war tief im Minus, die nächste Nachtschicht erst in zwei Wochen. Niemand im Umfeld, den ich hätte anpumpen können. Ich entschied mich, Uwe Carstensen die Wahrheit zu sagen. Drei Tage später war er in München, wir trafen uns im Blauen Haus an den Kammerspielen. Der Verlag hatte einen Optionsvertrag mit einem Vorschuss dabei, der mich mit einem Schlag aus der Pleite riss. Dann ging es sehr schnell: nachdem das Thalia Theater die Uraufführung meines Stücks bei den Autorentheatertagen angekündigt hatte, meldete sich das Volkstheater München und das Volkstheater Wien. Ich bekam einen Job als Regisseur. Noch vor der Uraufführung. Danach ging es Schlag auf Schlag, ausgelöst durch den Anruf von Uli und den Autorentheatertagen. Für mich war es der Schlüssel, der es mir ermöglichte, endlich eintreten zu können, so wie ich bin. Ich musste mich nicht mehr verstellen. Ich konnte nun schreiben, was ich für wichtig und richtig hielt. Das ist der eigentliche Wert, den ich bei den Autorentheatertagen erfahren habe. Es war ein Weg zu mir selbst. Und eine Ermutigung bei mir selbst zu bleiben. An einem Punkt, an dem ich das Theater schon fast verloren hatte, fingen mich die Autorentheatertage auf. Die ATT waren und sind für mich der Ort, an dem Ästhetik und Identität zusammen gedacht wurden und immer noch werden. Niemals hatte ich das Gefühl, dass sich diese beiden Dinge antagonistisch gegenüberstanden oder -stehen. Auch wenn andere Stimmen versuchen, das von außen an uns Künstler heranzutragen …

(Das Foto entstand 1992 – es war das Coverfoto von *Dog eat Dog*, wie ich es 2002 ans Thalia geschickt habe – Bildmitte: „Ich", zusammen mit meinen Freunden).

Michael Althen

Mach mal deine Augen zu!

Was kann Theater besser als Kino? Wieso zieht es uns nicht so schnell über den Tisch? Vom Handwerk, vom Zauber der Sprache und dem Druck des Nicht-Wiederholbaren. Eine Rede (2010)

Mit Theater hatte ich noch nie etwas am Hut. Oder es ist mir zumindest auf eine Weise abhandengekommen, dass das, was ich übers Theater weiß, nicht im Geringsten zu irgendeiner Art von Expertise reicht. Ich war immer schon ein Kinogeher und hatte das Glück, daraus einen Beruf machen zu dürfen. Ich weiß also nicht, was sich in den letzten dreißig Jahren auf den Bühnen der Welt ereignet hat, und ich will auch gar nicht ausschließen, dass ich damit Wesentliches versäumt habe. Es ist nur einfach so, dass Theater nicht Teil meines Lebens war. Und wenn ich mich ihm nun nähere, dann mag der Verweis auf meine Ignoranz fast schon hochmütig klingen, aber das Gegenteil ist der Fall: Ich bin voll von einer Demut, die mir bei meinen ersten Begegnungen mit dem Theater als Abiturient oder Student völlig fremd gewesen war. Fast könnte man es also Scham nennen, wenn ich nun das Wort ergreife inmitten von Leuten, denen das Theater immer schon so viel mehr bedeutet hat und ohne deren Zeugnis diese Kunst so nicht überlebt hätte. Denn was im Kino die Filmkopien oder die DVDs sind, das sind im Theater die Erinnerungen seiner Zuschauer. Und zu denen kann ich nichts beitragen.

Als mich Ulrich Khuon vergangenen Herbst fragte, ob ich mir vorstellen könne, den alleinigen Juror der Autorentheatertage zu geben, da machte ich aus meiner Unkenntnis und meinen

Vorbehalten keinen Hehl, aber er insistierte. Und ich ließ mich zu der Aufgabe überreden, aus hundertsechzig Stücken junger Autoren vier auszuwählen, die dann inszeniert würden. Vielleicht waren den Autorentheatertagen die Theaterkritiker ausgegangen, vielleicht versprach sich Khuon wirklich etwas von einem Blick von außen – ich sagte jedenfalls zu und erkannte bald, dass ich schlecht aufholen konnte, was andere mir auf ewig voraushaben. Ich konnte mich einfach nur in das Abenteuer stürzen, mit dem, was ich habe: mit einer Unbefangenheit, die keine Erwartungen kannte und auf nichts Rücksicht nehmen musste.

Und dann kam aber etwas hinzu, womit ich nicht wirklich gerechnet hatte: eine Neugier auf das, was ich nicht kannte und was sich mit jeder neuen Begegnung zu etwas auswuchs, was mir plausibel machte, was die Leute, dem Kino zum Trotz, ins Theater treibt. Ich fing plötzlich auch an, ins Theater zu gehen, und obwohl ich das anfangs eher pflichtbewusst tat, merkte ich bald, dass ich richtig gern hinging und darin ein Vergnügen fand, das ich nicht mehr am Kino maß, sondern als Erfahrung eigenen Rechts genoss.

Jeder, der immer schon ins Theater ging, wird darin nichts Besonderes erkennen, aber mir standen als Vergleich nur meine dreißig Jahre alten Abiturientenerfahrungen zur Verfügung, als ich im Theater immer nur erlebte, wie wenig es dem Kino entgegenzusetzen hatte. Oder besser: Wie selten es das, was es dem Kino entgegensetzen könnte, auch wirklich anwandte. Ich will nicht ausschließen, dass im München der frühen achtziger Jahre genau das trotzdem stattfand, aber ich hatte einfach kein Auge dafür.

Ich erinnere mich an einen Auftritt von Michel Piccoli auf dem Theaterfestival in einem Koltès-Stück, das in einer Reithalle aufgeführt wurde, aber darin sah ich nur eine Verlängerung seiner Filmpräsenz in etwas, das mir kaum zugänglich war. Und ich weiß noch, dass Peter Lühr in einer Aufführung von Robert Wilson den Lear gab und dass ich ganz allgemein für Lührs Welterfahrenheit genauso empfänglich war wie für Wilsons Bilder, aber irgendwie haben diese Erlebnisse keine Neugier geweckt. Vielleicht, weil sie erkauft waren mit zu vielen Aufführungen, in denen ich immer dachte: Das kann das Kino besser.

Ich glaube noch nicht einmal, dass ich unrecht hatte. Aber ich weiß schon, dass mir dadurch einige unbezahlbare Erinnerungen verlorengegangen sind, von denen ich womöglich gelesen habe, die aber im Theater eben nichts wert sind, wenn man sie nicht erlebt hat. Man möge mir verzeihen, wenn ich eine Binsenweisheit benenne, aber der Umstand, dass dem Kino die Aura der Einmaligkeit durch VHS, DVD und Download gründlich abhandengekommen ist, führt schon auch dazu, dass man sich im Theater auf andere Weise angesprochen fühlt. Was man auf der Bühne sieht, kennt keinen anderen Adressaten als den im Moment anwesenden Zuschauer. Und deshalb prägen sich Momente auf andere Art der Erinnerung ein als im Kino, wo ich deren Wiederholbarkeit bereits mitdenke und sie auf der Festplatte namens Gehirn im selben Moment zum Löschen freigebe.

Wenn also in *Öl* Susanne Wolff von hinten an Nina Hoss herantritt und ihr in einem seltsamen Singsang fast zärtlich befiehlt: „Mach mal deine Augen zu!", dann verhakt sich dieser Tonfall, der sich aufs letzte Wort wie auf eine Frage versteift, so unauslöschlich im Gedächtnis wie kein Filmzitat der letzten zwölf Monate. Und da habe ich noch nicht einmal erwähnt, dass Margit Bendokat im selben Stück eine Szene hat, in der sie die hundert häufigsten Wörter der deutschen Sprache hintereinanderweg aufsagt, als folgten sie einer unsichtbaren Liturgie des Verstehens, obwohl sie einfach nur ein zusammenhangloses Kauderwelsch ergeben – und das Publikum spontan Beifall klatscht wie für ein Kunststück im Zirkus. Das ist ein Moment, der im Kino so nicht zu haben ist, weil dort kaum Raum ist, der Sprache nachzuspüren und dem, was sie mit uns anstellt. Diese Selbstverständlichkeit kann für den, dem das Theater keine Gewohnheit ist, in so einem Moment ein ganz schönes Wunder sein: „Mach mal deine Augen zu!? Was siehst du?"

Wenn ich im Kino sitze, gibt es immer diesen Sog der Verwandlung, der mich im Dunkeln aus mir heraustreten lässt. Im Theater scheint das genau umgekehrt zu sein. Es sind die Schauspieler, die von der Sehnsucht nach Verwandlung getrieben sind, die es für uns übernehmen, aus sich herauszutreten. Das Theater ist ja schließlich auch eine viel bürgerlichere Kunstform und als solche eher dazu geneigt, den Exzess zu veräußerlichen. Es ist nicht so, dass die Männer auf der Bühne nicht auch Identifikationsangebote machten und die Frauen nicht auch zu erotischen Phantasien verlockten, aber wer sich aufrichtig prüft, wird feststellen, dass man sich als Zuschauer im Theater weniger gemeint fühlt. Weniger involviert. Weniger über den Tisch gezogen. Das Theater will mehr gelobt werden für die Arbeit, die es bedeutet, auf die Bühne hinauszugehen und vor Leuten eine wie auch immer geartete Maske aufzusetzen.

Wenn das jetzt so klingt, als wolle ich das dem Theater vorhalten, dann täuscht das. Ich will nur darauf hinaus, dass es genau diese Unterschiede waren, die mir einst den Zugang dazu verbaut haben, die mir heute jedoch als sein Kapital erscheinen. Vor die Leute hinzutreten und unter ihren Blicken diese Verwandlungen zu wagen scheint mir kaum vergleichbar mit der intimen Beziehung, die mit einer Kamera eingegangen wird. Und ich merke, wie mir die Theaterschauspieler deshalb in den letzten Monaten auf andere Weise im Kopf herumzuspuken begannen: als Leute, die diese Verwandlung, diese Entäußerung tagtäglich wagen, die sich fortwährend für ein sehr greifbares Publikum aufreiben und deren Arbeit man deshalb viel eher als ein ehrbares Handwerk begreift, dessen Gelingen Hingabe erfordert und Opferbereitschaft und einen Wahnsinn, von dem Kinoschauspieler oft nur träumen können.

Ich will jetzt nicht als Renegat dastehen, der plötzlich geringschätzt, was ihm sein Leben lang am nächsten war, aber so viel habe ich in diesen Monaten doch verstanden, dass diese Menschen auf der Bühne auf eine andere Weise einstehen für die Echtheit der Gefühle, die sie uns zu vermitteln versuchen.

Und vielleicht war der Moment, wo ich das am deutlichsten begriffen habe, jener, in dem ich mich dem Theater am fernsten fühlte. Eines Abends hatte nämlich Ulrich Khuon die Idee, mich nach einer Premiere hinter die Bühne zu bitten. Wahrscheinlich meinte er es nur gut mit mir und wollte dem Laien jenen Blick hinter die Kulissen erlauben, der ihm irgendetwas aufschließt von dem, was Theater bedeutet. Ich klopfte also an eine Türe – und fand mich unter Leuten, die nach monatelanger Arbeit eine Premiere hinter sich gebracht hatten. Eine gewisse Aufgekratztheit war zu spüren in der Art, wie alle aufeinander einredeten, aber auch eine große Müdigkeit. Und ich merkte schnell, dass ich in dieser Gemeinschaft nichts verloren hatte, als Kritiker schon gar nicht, und als ich zum Rauchen vor die Tür trat, stand ich zwischen den Schauspielern, die da auch rauchten und nichts so wenig brauchten wie jemanden, der nicht dazugehört.

Ich wanderte also weiter und landete auf der Bühne, auf die ich einen Abend lang gestarrt hatte – aber von der anderen Seite. Der eiserne Vorhang war heruntergelassen, und darin eingelassen ist eine Tür. Man macht sich keine Vorstellungen. Man sitzt da auf der anderen Seite, wartet, dass es losgeht, und wenn es so weit ist, dann lehnt man sich in der Gewissheit zurück, dass man nun für sein Geld etwas geboten bekommt. Wenn man aber hinter dem Vorhang steht, dann spürt man vor allem eine gewaltige Leere, in der sich nur jene Tür abzeichnet, hinter der etwas lauert, was sich Publikum nennt, aber einem wie ein vielköpfiges Ungeheuer vorkommen muss, das nur darauf wartet, einem den Kopf abzureißen. Ich schätze mal, dass Schauspieler auf Dauer ein anderes Verhältnis dazu entwickeln, wenn sie in diesem Beruf überleben wollen – dass sie an die Zähmung dieser Bestie glauben oder sie irgendwie ausblenden; aber als ich vor dieser Tür stand, wurde mir erst bewusst, was es bedeuten mag, nach wochenlangen Proben durch dieses Nadelöhr zu gehen, das Wille und Vorstellung von Illusion und Gelingen trennt. Das ist eben Theater, werden Sie denken. Mir war das neu. Wie schmal diese Öffnung ist, durch die man hindurchmuss, wenn man sich mit dem, was man kann, plötzlich dem stellen muss, was jeder zu erwarten dürfen glaubt.

Ich bin dann schnell wieder verschwunden von dieser Premierenfeier, aber der Gedanke an die Tür hat mich nicht verlassen. Man könnte nun sagen, welcher Aufwand sich hinter dem verbirgt, was man zu sehen bekommt, muss einen nicht interessieren. Monatelanges Nachdenken, wochenlanges Proben, Blut, Schweiß und Tränen, ein Berg, der kreißt – und heraus kommt womöglich eine Maus. So ist es nun mal, aber in diesem Moment vor der Tür schien es mir plötzlich mit Händen zu greifen, welche Arbeit jenem Zauber vorausgeht, jener Verwandlung, die man so selbstverständlich erwartet, wenn irgendwo einer auf die Bühne tritt.

All diese Dinge sollte ich vielleicht erwähnen, wenn ich sage, dass ich hundertsechzig Stücke gelesen habe, die alle getragen waren von dem unbedingten Bedürfnis, von Schauspielern auf einer Bühne gesprochen und zum Leben erweckt zu werden. Und meine Bedenken, ob ich mit meiner beschränkten Erfahrung diese Unbedingtheit auch erkennen würde, wenn ich ihr begegne, verflogen schnell, denn auch hier gilt: Ein gutes Buch ist ein gutes Buch ist ein gutes Buch. So wie ein Filmdrehbuch ein Wechsel auf eine ungewisse Zukunft ist, so ist auch jedes Stück nur ein Text, der ein Versprechen formuliert, das sich auf einer Bühne erfüllen muss. Und so konnte ich die Stücke nur als Texte lesen, die denselben Kriterien unterliegen wie jeder Text: If you want my interest, interest me. Ob man ein Theaterstück, Filmdrehbuch, einen Roman oder eine Kritik liest, ist letztlich egal: Wenn der Text gut ist, dann öffnet er beim Lesen einen imaginären Raum, in dem man sich jenes merkwürdige Ding vorstellen kann, das man Leben nennt. Und so habe ich vier Stücke ausgewählt, von denen ich glaube, dass dieser imaginäre Raum eine Bühne sein könnte: *In Neon* von Julia Kandzora, *süßer vogel undsoweiter* von Laura Naumann, *Sam* von Katharina Schmitt und *Fabelhafte Familie Baader* von Carsten Brandau.

Billy Wilder hat gesagt, drei Dinge brauche man für einen guten Film: ein gutes Buch, ein gutes Buch und ein gutes Buch. Ob er recht hat, wird sich auf diesen Autorentheatertagen weisen.

Michael Althen war Juror der ersten Berliner Ausgabe der ATT im Jahr 2010.

15

Philipp Löhle

Das Theater kann halt nix

Philipp Löhles Theaterstück *Lilly Link* war einer der Gewinnertexte der ATT 2008. 2011 war der Autor mit *supernova*, 2012 mit *Der Wind macht das Fähnchen* und 2015 mit *Wir sind keine Barbaren!* zu den ATT eingeladen.

Wenn man keinen Respekt hat, vor nichts und niemand, kann man gut zum Theater. Und wenn man zusätzlich nicht mal Perfektionistin ist, kann man gut Theaterautorin werden. Da lässt sich beides verbinden. Hätte man zu viel Respekt, vor Sprache zum Beispiel oder vor den Vorvätern und -müttern, vor der ganzen Literaturgeschichte, oder vor den Denkerinnen aller Zeiten, vor der Philosophie, aber auch vor den Kolleginnen, und nicht zuletzt vor den Schauspielerinnen, die das Geschriebene sprechen sollen oder vor den Regisseurinnen, die den Text inszenieren sollen, man brächte kein Wort zu Papier. Oder wenn, dann müsste man so lange über jeden Satz nachdenken, um sich alle Bezüge, Zitate und Querverbindungen bewusst zu machen, dass man wahrscheinlich nicht über den ersten hinauskäme.

Wäre man Perfektionistin, würde man verzweifeln. Denn dann wäre der Text nicht Material, nicht Vorlage, nicht Spielwiese, nicht Angebot, sondern der Text müsste eine genaue Handlungsbeschreibung sein. Aber nicht nur Handlung, wie Plot, sondern Handlung, wie Abfolge. Die Theaterautorin würde in dem Fall versuchen, die Regisseurin und eigentlich auch die Spielenden zu übergehen und in ihrem Kopf schon das fertige Produkt auszubrüten. Das Spiel zwischen Theaterautorin und Produktionsteam entfiele. Ich nehme an, eine solche Autorin wäre bei Roman und Prosa besser aufgehoben. Da übernimmt man Regie, Ausstattung, Blickführung und Lichtsetzung gleich mit.

Und was müsste eine perfektionistische Theaterautorin leiden, wenn sie das Glück hätte, ganz viele verschiedene Inszenierungen ihrer Stücke zu sehen. Mal gut, mal schlecht. Mal überfrachtet, mal zu lange, mal falsch gestrichen. Das Stück, das sie geschrieben hat, würde sie aber nie sehen. Wie furchtbar! Aber vielleicht ist gerade das die Aufgabe einer Theaterautorin? Das auszuhalten.

Das Theater selber ist ja genauso respektlos und wenig perfekt. Eigentlich ein Medium, das gerade in seiner Unvollkommenheit besteht und daraus auch seinen Reiz zieht. Denn das Theater kann eigentlich nichts.

Zum Beispiel gibt's im Theater keine Wahrheit. Da kann man noch so sehr den echtesten Menschen auf die Bühne stellen, der seine ureigenste Geschichte erzählt, die wirklich nur er erlebt hat und wovon er ganz ehrlich berichtet, es wird immer erfunden, inszeniert und eingerichtet aussehen. Wahrheit gibt's noch am ehesten am Übergang von Theater zu Realität, zum Beispiel im Moment eines Bühnenunfalls. Es soll aber schon Bühnenunfälle und Tode auf der Bühne gegeben haben, die frenetisch als (vermeintlich) perfekte Inszenierung gefeiert wurden.

Gefühle gibt's auch nicht. Kann Theater nicht. Sicher, es gibt den Versuch Gefühle nachzuspielen, was von vornherein zum Scheitern verurteilt ist. Wie soll das gehen? Wenn da jemand auf der Bühne so tut, als sei er ganz arg traurig oder verliebt und jede Zuschauerin weiß, das ist er natürlich nicht, der tut nur so. Was bleibt dann noch übrig? Außer Respektlosigkeit gegenüber wirklich Trauernden und Imperfektion gegenüber wirklicher Liebe!

Oder Realität! Gibt's auch nicht. Echten Regen. Oder Schnee. Oder gehen Sie mal durch eine Straße im Theater. Oder einkaufen. Geht nicht. Klar. Kann Theater nicht. Deshalb ist es immer so seltsam, wenn Tiere auf der Bühne sind, weil die so auffällig nicht in diese irreale Welt einer Theaterbühne passen.

Und dann das ewige Problem der Wiederholung. Erst wird wochen-lang geprobt, wenn nicht gar bieder geübt, also einstudiert. Und zwar Bewegungsabläufe und Text. Nur, um dann mehrere Abende lang dabei zu scheitern, das Einstudierte so gut wie möglich auf die Bühne zu bringen. Am einen Abend gelingt der Anfang, die Mitte ist aber langweilig und das Ende zu hastig. Ein andermal gelingt es nicht die Probleme der Hauptfigur nachvollziehbar zu zeigen oder die einzelnen Teile des Stücks rutschen plötzlich so auseinander, dass sich gar kein Ganzes mehr ergibt. Und wieder ein anderes Mal läuft es auf der Bühne wie geschmiert, aber dann kackt der Beamer ab und keiner weiß warum.

Das Theater beruft sich dann darauf, dass es live ist (ist das echte Leben auch, geh mal ausm Haus!), dass es richtiges, echtes 3D ist (ist jeder Kaffeeklatsch), mit echten Menschen, die man echt anfassen kann (eben, Kaffeeklatsch) und dass man im Theater einen Ort hat, an dem man diskursiv nachdenken kann (ich komme irgendwie nicht vom Kaffeeklatsch weg).

Denn nicht mal das kann das Theater: Die Welt verändern! Es stoppt keine Kriege, es verhindert keine Seuchen, es ändert keine Politik. Es macht die Menschen nicht besser, aber wahrscheinlich auch nicht schlechter. Immerhin...

Tja, und das alles, dieses geballte Nichtkönnen, also Nicht-Fähigsein, was sich da virtuos im Theater trifft, ist eben, meiner Meinung nach, nur auszuhalten, wenn man genauso unfähig ist, genauso unperfekt. Und wenn man gleichzeitig genug Respektlosigkeit besitzt, es immer und immer wieder zu versuchen und gerade dadurch etwas zu zeigen, was man so und vor allem in der Form nur im Theater zu sehen bekommt. Und das ist nichts weniger als: der Mensch. Uns selbst.

Wir gehen an einen Ort, um uns selbst in all unserer Unvollkommenheit dabei zuzusehen, wie wir dabei scheitern, uns selbst uns selbst vorzuspielen. Dieser Vorgang hat etwas so unendlich Tröstendes, dass ich gar nicht genug davon kriegen kann.

Körper & Geister

Svealena Kutschkes Theaterstück *zu unseren füßen, das gold, aus dem boden verschwunden* war eines der Gewinnerstücke der ATT 2019.

Und Realität hat immer ein bisschen Mundgeruch und/oder Magendrücken, und irgendwas ist versalzen und der Drink war zu teuer und am Nachmittag ein Date, du wolltest sie küssen, aber du überwindest die Kluft zwischen zwei Körpern nicht mehr so leicht. Du sitzt in diesem Theatersamt, und du denkst seit geraumer Zeit zu viel über Viren und Bakterien usw nach, du fragst dich, was alles wohnt in diesen sanften Sitzen und dann denkst du: Körper. Körper. Körper. Körper.

Und wie nach deiner ersten Premiere ein Schauspieler vor dir steht, kleine Schweißperlen auf der Stirn, und alles, was du denken kannst, nach Jahren der Prosa: Körper. Eine Figur, die du dir ausgedacht hast, ist Körper geworden. Schwitzt und trinkt und spricht. Jede Liebe ist auch ein bisschen narzisstisch. Und ist es nicht immer die Liebe, die uns erlösen soll? Die berauschende Illusion, dass wir in unserem Körper nicht alleine sind?

Jetzt also wieder Theatersamt, du bist diese Art der analogen Konzentration nicht mehr gewöhnt, gerade wurde sehr viel gelacht und du hast nicht mitbekommen, worum es ging, du hast dich daran gewöhnt, zurückspulen zu können. Jetzt sitzt da eine Frau auf einem Stuhl, sie sitzt leicht vorgebeugt, die Hände auf den Oberschenkeln, die Haare nass zurückgekämmt, leichte Augenringe und markantes irgendwas, eigentlich ist alles an ihr markant. Und du denkst, das Theater kann den Körper noch markieren in seiner Eigenartigkeit, im Theater hat das Begehren noch einen Ort, der nach Staub riecht und nach anderen Körpern. Es gab viel Sofa und Stream, narrative Gier und physisches Phlegma, du bekommst dann immer den großen Wunsch, deine Nahrung jagen zu müssen. Du willst dann hinter so einem Huhn herrennen und es erlegen. Also es einfach müde laufen, bis ihr so nebeneinanderliegt und du bist dann zu erschöpft, es zu braten, du beißt ihm dann einfach mit letzter Kraft den Hals durch. Du schaust die Frau an, die auf der Bühne sitzt und wirklich gar nichts tut, und dir ist, als hättet ihr eine gemeinsame Geschichte, du denkst an deine Ex, du denkst: Wir waren mal SO Dinosaurier.

Wir waren mal SO Ozean. Du denkst an Einar Schleef, der sagte, er mache Diät, um sich auf das Schreiben von langer Prosa vorzubereiten, denn sonst würde das Fleisch sich entzünden, der Schweiß, der sich zwischen den Fettröllchen bildet usw, er war sehr genau in seiner Beschreibung. Sein *Sportchor* (Jelinek), der fast eine Stunde auf der Bühne skandierte und sprang, du stellst dir vor: die Irritation, die sich ausgebildet hat im Publikum, als die Szene jede erwartbare Länge überschritt. Die Erschöpfung, da letztlich nur Körper einen Raum teilen.

Die Schauspielerin trägt ein weißes Hemd, die Ärmel sind ein Stück aufgerollt, ihre Haltung ist angespannt, als sei sie im Begriff aufzustehen. Sie sitzt vollkommen still, seit mehr als zehn Minuten, keine lange Zeit normalerweise, für eine Szene jedoch eine ungeheure Spanne. Niemand will sich die Blöße geben, unruhig im Plüsch rumzurutschen, hier und da ein Display, das aufleuchtet, wenn jemand verstohlen auf die Uhr schaut, aber die Stille bleibt ungebrochen. Du beugst dich vor, die Unterarme auf den Knien, deine Hände liegen locker übereinander, aus irgendeinem Grund ist dir deine Haltung jetzt sehr bewusst.

Ihr nasses Haar hat dunkle Flecken auf dem weißen Hemd hinterlassen, die jetzt schon wieder verblassen. Du siehst, wie sich Brust und Bauch ganz leicht unter dem Atem bewegen, du achtest da genau drauf, du meinst, da Unregelmäßigkeiten festzustellen; als würde der Atem heftiger werden, und jetzt bist du dir sicher, dass sie auf etwas wartet. Und außerdem hast du deiner Ex doch noch eine Nachricht geschrieben, obwohl du dir geschworen hast, das nie wieder zu machen. Du und die Schauspielerin, ihr wartet beide. Du siehst, wie ihr Haar ihre Struktur verändert. Es ist nicht mehr so glatt und schwer, es trocknet allmählich, es wird heller und jetzt bist du plötzlich voll da. Soweit ist es mit dir schon gekommen, plötzlich willst du Haare in Echtzeit trocknen sehen; aber deine Freundin ist weg und du sitzt nicht viel anders da, als sie dort auf der Bühne und vielleicht bist du genauso interessant wie sie, wenn man sich nur die Zeit nimmt, dich gründlich zu betrachten und das hat deine Ex wohl nicht getan, sonst wär sie ja schließlich nicht weg. Zwanzig Minuten. Man kann nicht so lange sitzen und nichts tun, und noch immer Figur sein. Sie ist nur noch Körper und du bist Körper und niemand weiß mehr, wie er mit dem Körper umgehen soll. Sie sitzt vollkommen reglos, aber da passiert was, und du bist nur zu blöd, es zu erkennen. Körper sind nur noch Grenzmarkierungen, denkst du. Wo beginnt dein Raum, wo meiner. Lust und Gewalt, dafür brauchen wir den Körper noch. Schauplatz der Wunde. Da schlägt jemand zu und dann beginnt der Körper seine Trauerarbeit. Wie so eine Wunde unendlich langsam erst verkrustet und dann vernarbt. Wie ein blaues Auge durch das gesamte Farbspektrum geht, bis es irgendwann zum natürlichen Hautton zurückkehrt. Es ist fast beleidigend, wie fragil so ein Körper ist. Wie nachtragend.

Die Frau verlagert das Gewicht ganz leicht nach vorn, da konzentriert sich was. Du denkst, du verstehst etwas, aber dann entzieht es sich schon wieder. Wie ein Wort, das einem auf der Zunge liegt. Das macht dich ganz rasend, weil es wichtig ist, das spürst du. Du weißt, wo die Antworten liegen. Sie liegen dort auf der Bühne, dort im Gesicht dieser Frau; ihr Haar ist jetzt fast trocken und du betrachtest jede einzelne Strähne und die Erkenntnis ist zum Greifen nah, du hast es fast. Und jetzt steht sie tatsächlich auf, geht auf die Rampe zu, sie geht auf dich zu. Gleich wirst du verstehen, warum alles so schiefgelaufen ist bei dir. Du denkst an deine Exfreundin und daran, dass sie gesagt hat, dass sie nicht mit einem Geist zusammenleben will. Die Frau geht auf dich zu und du stehst auf, gleich, das weißt du, wird etwas Wichtiges geschehen. Diese Szene meint nur dich. Und dann plötzlich Black, die Szene, ihr Körper in Dunkelheit getaucht. Eine Dunkelheit, die dir ihren Körper nimmt und irgendwie auch den eigenen, und dann der Vorhang, ein Vorhang, der sich zwischen eure Körper schiebt, als wolle er etwas vertuschen. Und du fragst dich, wer du eigentlich bist, und wo dieser wahnsinnige Schmerz plötzlich herkommt und dann bist du auch weg, denn das hier ist nicht deine Geschichte, du bist nur die Zuschauerin, das hier ist nur Text und der ist jetzt beendet.

17

Lisa Danulat

Gute Besserung

Lisa Danulats Theaterstück *Entschuldigung* war eines der Gewinnerstücke der ATT 2019.

Ich bin ganz stolz.

Ich lege einen Haken an meine Einkaufstaschen.

Auch an deine Einkaufstaschen.

Wenn das veraltete Schreiben rückwärts über die Rücküber-
setzer schlecht gewesen wäre, so würde ich das alte Schreiben
wegwerfen.

Das Neue aber bleibt.

Seit meiner Amtseinführung an der Lichtenberg Bahn kam es
zu vielen Reisen, vielen Dienstreisen, die nicht mehr zu meinem
Beruf passten.

Es ist mir ein Beruf geworden, dieser Beruf.

Wann ging der Kinderwagen an uns vorbei, mit dem wir unseren
kompletten Leib gut hätten erzählen können?

Ich denke an das Schulessen.

Und die Wartezimmer.

Die Masken.

Die Luxusmarken auf dem Schulhof.

Mädchen, wie sie tanzen.

Jungen, wie sie schauen.

Schüler in Trenchcoats, wie sie schießen.

Ingrids schwere Erkältung kam wie ein Wunder über uns.

Da bleibt nichts dran.

Mir kam es nie drauf an.

Ich stand einfach da und war vorhanden.

Ich griff immer an, aber ich versuchte damit noch etwas zu
beweisen.

Ich bin jeden Morgen voller Wanderlust.

Auch heute noch.

Ich bin viel gewandert.

Oh Junge*

Ich hab die ganze Küste in die Bäume geworfen.

Ich hab die Aargau in die Sonne getrieben.

Ich habe jemanden erblickt, an den ich mich auf der Stelle
gewöhnt hatte.

Ich habe um die ganze existierende Zeit herum alle Farben eines

Schlagers mit dem Titel „Gold" erschaffen.
Ich habe die sterblichen Überreste aus dem Brei gezogen.
Ich habe die Schreibtische geschliffen, aber ich wusste nie,
was man eigentlich meinen soll, wenn man das so formuliert.
Zwei erleuchtete Türme.
Zwei Abstände.

Ich sage Dir:
Alle Szenen dieser Liebesgeschichte werde ich niederschreiben.
Ich habe mich nie (immer) verletzt.
Ich habe das „am schnellsten Lernen von Berufen" gemacht.
Ich habe immer versucht, die Wörter aufzuarbeiten.
Bis zum Schluss.

THE WECHSEL:

Ich möchte Lisa Danulat heute sehen.
Welche Zukunft ist es, in die Lisa Danulat geschaut hat?
Ich möchte sehen, wer sie geworden ist.
Ich sehe sie.
Sie wohnt in einer fabelhaften Kleinstadt, die aus der größeren
Stadt wirtschaftlich herausgewachsen ist.
Es gibt dort die besten Konferenzreihen, es gibt die besten Buch-
handlungen, die bevölkerungsreichsten Kita-Projekte, es gibt in
dieser Kleinstadt alles, was schön ist.
Gibt es Lisa Danulat heute, dort in dieser Kleinstadt, obwohl sie
eigentlich weiß, welcher Alltag in einer anderen Stadt sie noch
besser machen würde?
Die Wurzel, mit der sie zusammenlebt, nennt sie „den wunder-
schönen Jungen".
Ich denke, sie fragt sich manchmal: „Was hat diese Wurzel mit der
französischen Grossmutter, was mich an ihr so fesselt?"
Gerade renoviert das Paar sein Wohnzimmer.
„Das werden wunderschöne Wände, mit Zitaten von Ehm Welk

und Thomas Trimm und seinen Gedanken zum Krieg. Zum ersten Mal gehört."

Lisa Danulat lebt dieses Leben und sie liebt dieses Leben.

Sie sagt:

„Ich habe meine Kindheit in der Zukunft verbracht.

Ich weiss, woher ich bin.

Ich weiss, wohin ich mein Leben verändern will.

Und so tue ich."

Der vorliegende Text entstand für das Deutsche Theater Berlin im Februar 2022 durch Vorgaben der Autorin und einem KI-Tool für automatisierte Text- und Snippet-Generierung.

18

Amanda Lasker-Berlin

Ein Text ist ein Körper und er trägt ein Kleid

Amanda Lasker-Berlins Theaterstück *Ich, Wunderwerk und How Much I Love Disturbing Content* war einer der Gewinnertexte der ATT 2021. Im Rahmen des Festivals wurde der Autorin der Hermann Sudermann Preis für Neue Dramatik zugesprochen.

Ein Text für das Theater ist etwas anders als ein Text für ein Buch, ein Text in einem Buch lässt sich entdecken, er lockt, er ist leise, er öffnet sich Stück für Stück, er ist eine Landschaft, die blinzelt, ein Text für die Bühne ist ein Körper und der springt, unerwartet und unvorhersehbar mitten in den Raum, Theater ist lebendig, es kann nicht anders, Theater beweist das Lebendigsein, indem es vergeht, ein gehörter, gesprochener Text verschwindet und kommt nicht wieder, das ist gut, und der Text eines Stücks bleibt nur als Spur, als Skelett, das darauf schließen lässt, was da vielleicht irgendwann einmal war, im Theater, vor tausenden von Jahren oder vor zwanzig Minuten, ein Theatertext ist ein Eigenkörper, manche wollen ihn erlegen, wie ein Reh, seine Organe und sein Fleisch voneinander trennen, Sehnen durchschneiden, meinetwegen, wenn die Erb:innen nichts dagegen haben, den Text sezieren, seinen Aufbau, seine Funktion genau verstehen, unachtsames Entnehmen von Organen kann funktionieren, aber vor dem Eingriff muss der Textkörper erst erkannt, gesehen, gespürt sein, bevor Rumschnippeln sinnvoll ist, das gilt nicht nur für das Inszenieren, auch für das Schreiben, das Editieren, das Text-mit-sich-tragen, ein Text ist ein Körper mit Dysfunktionen, mit verschleppten Krankheiten, mit Metastasen, die in ihm streuen, er ist nicht glatt, nicht ideal, also besser keine Ordnung schaffen, nicht beim Lesen und auch nicht beim Schreiben, die Dramaturgie ist nicht mehr als oben und unten, nicht mehr als der Herzschlag und der gerät im Idealfall auch ab und an aus dem Takt, ein Theatertext ist ein Eigenkörper, den ich als Schreibende akzeptieren muss, den ich verabschieden muss, weil er, wenn es gut für uns läuft, viel ohne mich erleben wird und das ist Freiheit für ihn und auch für mich, ich schreibe Theater, damit ich abgeben kann, und weil ich gerne staune, was aus einem ehemals so geschlossenen Körpersystem werden kann, ein Theatertext kann nicht einsam sein, ein Theatertext fordert den Dialog, den Streit, vor allem mit der Schreibenden, er fordert die Auseinandersetzung, auch wenn er vielleicht still ist und sensibel, wird er in eine Situation gesetzt, in denen es Schweigen nicht gibt, ein Theatertext lässt sich in Situationen werfen und entscheidet dort selbst über sich, von außen lässt sich sein Scheitern und sein Glänzen beobachten, das kann tragisch sein, oder auch sehr undramatisch, ein Theatertext führt Schlachten ohne selbst Blut zu vergießen, er reißt Gedankenwände ein, ohne Schutt zu produzieren, er baut Festungen auf, die nur so sicher sind wie er selbst, wenn er könnte, würde ein Theatertext über sich selbst lachen, er muss von sich wissen, dass er ohne die anderen aufgeschmissen ist, aber er lacht nicht, schließlich hat er keine eigene Stimme, er vertraut darauf, dass andere sich ihm annehmen, ihn in den Mund nehmen, ihn widergeben, er vertraut darauf, dass andere es gut mit ihm meinen, er vertraut, er vertraut, er vertraut, ach wäre man doch selbst so naiv wie ein Theatertext!, ein Theatertext lässt sich pflegen und umsorgen, er hüllt sich in die Kleider anderer und lässt sich auf einer Bühne präsentieren und wenn er Glück hat, wirkt er dabei besser als er ist, wenn er Pech hat, wird er erstickt und niemand bemerkt, dass er da war, ein Theatertext besteht aus Bildern, die sind, wie der Blick aus einem rasenden Zug, verschwommen und weit und absolut da, manchmal ist ein Theatertext weniger Körper als Textil, ein gewebter Teppich mit wiederkehrenden Mustern, eine grobmaschige Decke mit Löchern, die das Licht durchlassen, einen zu eng gewebten Stoff kann man an einigen Stellen zerreißen, zu groben Maschen kann es nützen, zusammengezogen zu werden, Theaterstoffe wollen nicht heilig sein, die feinbestickten Stoffe, die überladenen, die funkelnden, die fast zu prächtig erscheinen, liegen lieber auf schlichten Bühnen, ein Theatertext mag die Pausen und die weiterwirkenden Bilder, ein Theatertext ist das Versprechen auf einen Anfang, auf den Beginn des Versuchs, der Aufbruch nach Wo-auch-immer, für das Theater zu schreiben, heißt für mich, das Anfangen wieder und wieder zu versuchen,

19

Steffen Kopetzky

Vom Auf-
und Abtauchen

Steffen Kopetzkys Theaterstück *Herr Krampas: auftauchend* war eines der Gewinnerstücke der ATT 1998.

Zwei Jahre hatte ich schon in München gewohnt, aber weder die berühmten Kammerspiele noch ein anderes Theater betreten. Ich hatte mich mit Absicht und geradezu größter Mühe nicht nur von allem Literarischen ferngehalten, sondern auch von allem Theatralischen oder Theatermäßigem, einer noch intensiveren, existentielleren Form der Literatur, mit der ich meine Gymnasialzeit verbracht hatte. Friedrich Schlegel, Goethe, Karl Valentin, Dürrenmatt, Brecht, Mroszek, Ayckbourn, was eben auf Schulbühnen so gespielt wird. Ohne das Theaterspielen hätte ich die Schule womöglich nicht einmal durchgestanden, und vielleicht war gerade das der Grund, dass ich nach der Schule nichts mehr davon hatte wissen wollen, wie ein Schiffbrüchiger, der das rettende Floss am Strand zurücklässt und es nicht mehr sehen oder gar besteigen will – so eben auch diese Literatur, obwohl ich unbedingt Schriftsteller werden wollte. Aber ich hatte den Plan, mich zunächst über die Philosophie – in einer Heidegger-Heizung, einem Hegel-Herd oder über einem Kant-Kocher – zu einem wahren Schriftsteller zu brennen. Ich wollte Romane schreiben, aber erst Derrida zumindest ansatzweise begreifen, den Heiligen Augustinus nachvollziehen, Nietzsche auswendig beherrschen, Platon wenigstens überblicken, mit dem Neu-Platonismus etwas anfangen und blind über Kierkegaard referieren können, um erst danach, vom stählern-philosophischen Geist purifiziert, endlich zum Dichten überzugehen. Wie eine Samurai-Schülerin, die jahrelang zu meditieren, zu fasten und grobe Entbehrungen auszuhalten hat, bevor sie irgendwann zum ersten Mal die Hand an ihr Schwert legen darf.

Dann, eines Tages, lud mich ein befreundeter Philosophiestudent ins Theater ein: *Über allen Gipfeln ist Ruh* an den Münchener Kammerspielen. Sicherlich hatte ich schon viel von Thomas Bernhard gehört, ihn aber gewissermaßen gefürchtet, deshalb gemieden. Ich erwartete das Sich-Heben des Vorhangs niedergeschlagen, gedemütigt, wie ein rückfälliger Drogensüchtiger, der alle Vorsätze aufgegeben und sich dem alten Gift ausgeliefert hat.

Der Schauspieler Lambert Hamel spielte die Hauptfigur, den mono-logisierenden Dichter Moritz Meister. Und vom ersten auf der Bühne gesprochenen Wort, vom ersten Satz an, erfüllte mich so ein Glück, eine helle Freude, Staunen und Faszination, und auch lachen musste ich. Ich habe praktisch die ganze Alexander-Lang-Inszenierung hindurch gelacht und die Schwierigkeiten des Philo-sophiestudiums hinweggelacht und für zwei Stunden vollkommen vergessen.

Zurück in meinem WG-Zimmer setzte ich mich sofort an meinen Schreibtisch und mein blaues Colani-Notebook und begann mein erstes Theaterstück zu schreiben. Monologe wollte ich schaffen. Doch worüber? *Über allen Gipfeln ist Ruh* war eine Komödie über den Dichter einer ominösen Romantetralogie, es sprach die Kennt-nis des Literaturbetriebs daraus, die Verachtung des Ruhms (wozu man ihn erlebt haben musste) – alles Erfahrungen, auf die der aske-tische, allerdings kettenrauchende Philosophiestudent, der ich war, nicht zurückgreifen konnte. Worüber also konnte ich schreiben? Mir fiel nur ein Dreiklang ein: Leben, Liebe und Tod!

Drei Schauspieler schildern das Erleben einer abwesenden, nicht auf der Bühne befindlichen Figur, drei ineinander verschraubte Monologe, kein Wortgefecht, kein einziger Dialog, sondern drei autonome Perspektiven mit unterschiedlichen Klangfarben. Dem heiligen Theater der Griechen nachempfunden, die Existenz selbst auf die Tempelbühne zu stellen und die Epiphanie des Gottes hinter der Maske.

Ein paar Tage und Nächte später war das Stück fertig – aus heuti-ger Sicht erstaunlich, dass ich danach überhaupt noch schnaufen konnte, denn das Schreiben über Leben, Liebe und Tod hatte ich mit dem gleichzeitigen Abbrennen ungezählter Roth-Händle-Ziga-retten begleitet, köstlicher filterloser Sargnägel, die mir Frühstück und Abendessen ersetzten – Mittagessen gab es sowieso schon nicht. Eigentlich wäre es nach diesem Schreibrausch korrekt gewesen, die

Datei des Werks, das ich kein einziges Mal mehr durchgelesen, an dem ich nicht gefeilt und kein einziges Wort mehr geändert hatte, gleich wieder zu löschen – aber dazu kam es dann doch nicht. Die dutzenden von eng beschrieben Seiten bildeten das umfangreichste Word-Dokument, das ich je erstellt hatte. Ein wenig stolz war ich doch darauf. Ich ließ es in einem Copy-Shop einmal ausdrucken, brachte es an die Pforte der Kammerspiele, adressiert und mit einem Begleitschreiben an Lambert Hamel versehen, der ein paar Tage später anrief und sich bedankte. Er fahre jetzt nach Italien in den Urlaub. Das war alles. Die Datei war geschlossen. Aber das Schreiben dieses für ein unmögliches Theaterheiligtum gedachten Stücks war der erste Riss im Philosophenpanzer, mit dem ich mich umgeben hatte. Es musste einfach sein, und es musste zu diesem Aufbruch kommen.

Vier Jahre später hatte ich mein Philosophiestudium längst aufgegeben, eine Existenz als Radio-Autor in Berlin gefunden, ich schrieb Essays und bastelte literarische O-Ton-Reportagen, für die ich mit meinem Sony-Kassettenrecorder in halb Europa herumreiste, italienische Schlafwagenschaffner, Schweizer Barkeeper und Herrenschneider aus Prag interviewte und Geräusche aller Art aufnahm. Ein erster Roman war erschienen, und auf dessen Erscheinen hin meldete sich eine Theaterverlegerin aus Köln, die meinte, mein Roman sei so … szenisch, dramatisch, diskursiv – ob ich denn schon einmal darüber nachgedacht habe, ein Stück zu schreiben?

Ich glaube, dass man damals Word-Dateien noch ausdruckte und mit der gelben Post verschickte. Irgendwie kam das im Monolog-Rausch verfasste Stück jedenfalls zu ihr, sie nahm es an, reichte es am Staatstheater Hannover ein, und so wurde ich damit zu den Autorentheatertagen 1998 eingeladen.

Alles dort im Theater am Ballhof habe ich geliebt – auch wenn mich zuweilen das Gefühl überkam, die Eintrittskarte zu den Autorentheatertagen womöglich erschwindelt zu haben. Denn beim Schreiben hatte ich niemals daran gedacht, dass tatsächlich Menschen aus Fleisch und Blut einen Teil ihrer kostbaren Lebenszeit damit verbringen würden, den Text zu lernen, sich Bilder für die Bühne auszudenken und das Ganze zu inszenieren. Ich erschrak darüber, dass wunderbare, intelligente, kreative und sensible Theaterleute sich den Kopf zerbrachen, stritten, kämpften und arbeiteten, um das, was in einem autonomen und vielleicht absurden, auf jeden Fall existentiellen Schreibprozess erstanden war, das Echo eines anderen Echos, auf die Bühne zu bringen, auch wenn es nur eine einmalige Werkstattinszenierung und keine vollendete Inszenierung war. Die Kunst eines Schauspielers, einen vierzigminütigen, wie ein Musikstück geschriebenen Monolog zu bewältigen, ließ mich einfach nur staunen. Glückliche Tage. Aber gewissermaßen auch schon der Höhepunkt meiner Tätigkeit als Dramatiker. Denn am Ende der Autorentheatertage kam der natürliche Freund und Heger des Dramatikers auf mich zu, der Dramaturg, und sagte, es sei wirklich gut, was ich da gemacht hätte, aber nun sei es an der Zeit, ein Stück mit Dialogen zu verfassen. Wie man an meinem Roman sehen könne, sei ich doch sehr gut in der Lage, Dialoge zu schreiben. Nun also, was soll schon dabei sein? Dialoge – fürs Theater! Das Normalste der Welt.

Im Laufe der Jahre habe ich es unzählige Male versucht, ich hatte Themen, Figuren, Konstellationen vor Augen, aber jedes Mal, wenn ich eine oder zwei Szenen geschrieben hatte, erschienen mir die Dialoge fad, öd und vor allem – überflüssig. Ein Dialog über den Sinn des Universums – lächerlich. Ein Monolog über das Leben einer Stubenfliege – erhaben. Das war einfach meine Empfindung. Meine Skrupel waren echt. Meine Zweifel ein Teil von mir.

So haben mich die Autorentheatertage, zu denen ich mit einem Stück über eine abwesende Hauptfigur eingeladen war, also zu einem von der Bühne abwesenden Dramatiker gemacht. Zu einem Liebhaber der Schauspieler, der ihnen aus scheuer Verehrung fernbleibt. Einem Bewunderer der Regisseurinnen, denen man sich selbst nicht zumuten will, aus Respekt für ihre Tatkraft und Intelligenz. Wie ein Priester, der keinen Gottesdienst mehr abhält, weil er so wahrhaft gläubig ist. Bis heute, bis jetzt, bis zu diesem Augenblick aber träume ich davon, eines Tages, wenn es so weit sein soll, wieder auf dem Theater aufzutauchen.

Robin Detje

Zweiundzweiistnichtvier.
Eine Rede (1995)

Meine Damen und Herren.

Ich muss Ihnen ein Geständnis machen. Ich habe meine Hausaufgaben nicht gemacht. Das Programm sieht vor, dass ich nun meine Stückeauswahl vorstelle und von meinen Leseerfahrungen spreche. Das Zweite klingt schrecklich anthroposophisch, und ich sehe mich vor Ihnen mit ausladenden eurythmischen Bewegungen den Juror tanzen, und das Erste sehe ich einfach nicht ein; meine Auswahl stellt Ihnen schon das kleine blaue Programmheft vor, und überhaupt wäre sie eine schlechte Auswahl, wenn sie nicht für sich alleine stehen könnte, ohne noch mal hin und herrechtfertigend von mir vorgestellt zu werden.

Ich bin aber trotzdem entschlossen, Ihre Zeit in Anspruch zu nehmen. Es wird jetzt keine Freistunde. Es wird jetzt was vorgelesen – Sie kennen das Prinzip wahrscheinlich, es tritt immer in Kraft, wenn der Lehrer seine Hausaufgaben vergessen hat. Es gibt jetzt eine Mathematikstunde mit Herbert Achternbusch, aus dem letzten Kapitel seiner Prosa *Hundstage*. Bitte nehmen Sie Ihre Rechenhefte vor und schreiben Sie mit. Behandelt wird die Gleichung *Zweiundzweiistvier*.

„Herr Montaigne hatte mit diesem Ergebnis noch seine Schwierigkeiten, aber Shakespeare konnte es tatsächlich auswendig. Ja, Herr Goethe hatte als Letzter mit diesem Ergebnis seine Schwierigkeiten, weil er es nun doch unter seiner Schamgrenze sah und deshalb bemüht war, die Menschen mit allem Möglichen zu verführen, damit sie auf dieser Binsenweisheit nicht sitzen blieben und seine Verführung genössen. Aber später war nur noch zweiundzweiistvier wahr. Wer ist denn zurzeit der Größte unter den Kritikern der Literatur? Doch nur der eine, der mit dem vehementesten Zeigefinger der Vernunft allen, die es wissen wollen, und auch dem Rest der Welt einbläut, dass zwei und zwei vier ist. Man lobt und feiert ihn ob dieses Ereignisses, obwohl er vielleicht aus seiner abstrusen Vergangenheit etwas anderes hätte machen müssen, aber das konnte er eben nicht. Von seiner Intelligenz breitgedrückt richtet ihn keine Phantasie auf. Die alten Griechen nämlich haben dieses Ergebnis erfunden und es nun einmal mit großen Zweifeln hingestellt, ohne Aufforderung an die Nachfahren, das Ergebnis blind zu übernehmen. Vielmehr haben sie uns ans Herz gelegt, die Zweifel an diesem Ergebnis zu nähren. (...) Man hat das Ergebnis übernommen, aber nicht die Zweifel an diesem Ergebnis. Man wünscht dadurch, dass der Rest der Angst genommen wäre, dass der Rest = Angst wegfällt. (...) Ich halte mich lieber wieder an Sokrates und sehe keine Entwicklung, deren Griechisch so eindeutig ist: Die Leute sind klar. So klar. Ich bin dunkel. So dunkel. Bitte sagen Sie: Was wir sagen sollen, wenn wir dieses Buch vertreten, wissen wir nicht, wir wissen nur eins, dass es in *Hundstage* nicht um zweiundzweiistvier geht. Da es Bücher mit diesem Titel schon zweimal gibt, könnte man auch auf 2 + 2 = 4 ausweichen. Aber lieber nicht."

Was ich sagen soll, wenn ich meine Stückeauswahl für diese Autorentheatertage vertrete, weiß ich nicht. Ich weiß nur eins, dass es in dieser Woche nicht um Zweiundzweiistgleichvier geht. Ich könnte aus meinen Lebenserfahrungen ein Konzept für eine Dramaturgie der Gegenwart und Ästhetik der Zukunft für Sie tanzen, ich könnte Ihnen endlich sagen, ob es das Gegenwartsdrama gibt, geben soll und wie es auszusehen hat, in klaren Sätzen, die jedes vernünftige Zweifingerbläuen ohne Rest überstehen würde. Aber lieber nicht.

Dieser Satz ist das Privileg jedes Künstlers und jeder Künstlerin: Zweiundzweiistnichtvier. Er hat seine und ihre Pflicht. Der Rest der Gleichung, die nicht aufgeht, der Rest ist der beiden Terrain, ihre Heimat. (Da ist mir jetzt plötzlich doch eine komplette Ästhetik herausgerutscht. Ich bitte um Entschuldigung. Eben gerade sind große Teile der Weltliteratur über Bord gegangen, das meiste von Brecht zum Beispiel, und wir könnten jetzt schnell hinterherspringen und das ganze noch mal untersuchen. Aber lieber nicht.)

Schriftsteller und Schriftstellerin sind, wenn sie gut sind, Künstler. Dann sind sie Dichterin und Dichter. Theaterleute und Theaterleutinnen sind an neun von zehn Abenden Handwerker. Zweiundzweiistvier. Für jeden, der rechnen muss, sind alle, die behaupten, dass seine Gleichungen nicht aufgehen, der böse Feind. Am Theater ist der Regisseur der böse Feind des Bühnenmeisters, weil der Bühnenmeister nicht versteht, was der Regisseur macht. Und Dichter und Dichterin sind die bösen Feinde des Regisseurs, weil er glaubt, mit ihren Unberechenbarkeiten dem Publikum eine Gleichung aufmachen zu müssen, eine Inszenierung ohne Rest. Es sei denn, die Dichter sind tot, dann ist alles gut. Wenn sie noch leben, werden sie am besten umgebracht. Oder noch besser wäre es, wenn sie auch Handwerker würden. Dann könnte endlich auch der Regisseur seine Kunstangst vergessen. Er könnte mit den Dichtern und den Bühnenmeistern friedlich in der Kantine sitzen und Bier trinken: Lauter Handwerker unter sich. Und endlich wäre wirklich alles gut. Weil alles entschieden wäre. Weil endlich alle an der gleichen Gleichung säßen, vereint zu einem Theater der Kumpanei.

Dieses Theater der Kumpanei gibt es längst und hat es wahrscheinlich – unter dem Namen „schlechtes Theater" – schon immer gegeben. Aber ich bilde mir ein, dass gerade jetzt das Handwerk auf dem Vormarsch ist. Jede Subventionskürzung ein Etappensieg.

Im Literaturbetrieb, eine Kneipe weiter, gab es vor kurzem lautstarke Empfehlungen an junge Autoren, doch bitte wieder verständliche Bücher zu liefern, am lautesten vorgetragen vom Lektor eines großen Verlages. In der Zeitung, für die ich schreibe, wurde der deutschen Malerschaft vorgeschlagen, doch wieder Bilder zu malen, auf denen Kühe wieder Kühe sind und man sich überhaupt zurechtfindet.

Auf dem Theater, in unserer Kneipe hier, lastet die Dauerforderung nach dem knalligen Gegenwartsstück wie eine Dauerdrohung über der Kantinenszene. Von nebenan tönen Musicalklänge durch die Wand, und allmählich sieht man die Beteiligten zusammenrücken, ihre Feindschaften aufgeben und ausholen zum Anstoßen.

Die Modernisierung von Klassikern (mit vorausgegangener Entleerung) ist ein flottes, beherrschbares Handwerk geworden. Welcher Deutschlehrer seufzt in der Runde seiner theaterzwangsverpflichteten Schüler nicht erleichtert auf, wenn er den Prinzen von Homburg erstmal pinkeln sieht. Kleist fetzt, schon ist die nächste Stunde gerettet. Kultur ist gleich Spaß, und die Rechnung geht auf, und sie hat keinen Rest mehr, der Angst macht. Es gibt bekanntermaßen eine neue Garde junger Regisseure, die so stolz ist, dass sie das Handwerk beherrscht und inszenieren kann, dass sie sich gar nicht mehr anstrengen muss, die Stücke, die sie auf die Bühne brettert, auch zu verstehen. Der Erfolg gibt dem Theater der Kumpanei recht. Die Jungwerker, die ich meine, inszenieren inzwischen am Burgtheater.

Zur Kumpanei der Handwerksgesellen hinter der Bühne kommt die mit dem kulturflüchtigen Publikum davor. Sie funktioniert so: Die Zuschauer tragen ihre aufgeblasene Schwellenangst in Rang und Parkett, nur um zu merken, dass die Kunstfeindlichkeit der Kulturproduzenten auf der Bühne noch größer ist als ihre eigene. Die Blase platzt – es folgt die große Verbrüderung im Jubelrausch. „Schlag mich, schlag mich", stöhnt der Masochist; „Nein", sagt der Sadist, und Hand in Hand ziehen beide in den Sonnenuntergang.

Ich glaube ja gar nicht, dass Kultur da anfängt, wo der Spaß aufhört. Ich glaube bloß, dass der Spaß da anfängt, wo man aufhört, uns unbedingt Spaß machen und gefallen zu wollen. Ich glaube, dass es unendlich viel schlechte Kunst gibt, und vielleicht kann man die Forderung nach „verständlicher Kunst" sogar verstehen. Nur in einem Meer von schlechter Kunst kann noch gute Kunst wachsen.

Auf einer großen, kulturbetriebsumspannenden Kunsthandwerksmesse lässt sie sich nicht einmal mehr verkaufen. Noch eine Metapher und dann weiter im Text: Natürlich ist nicht jeder saure Wein gut. Aber gezuckerter Traubensaft ist überhaupt kein Wein. Das war jetzt wahrscheinlich eine Metapher zu viel, aber ich fand sie ganz hübsch.

Von Elfriede Jelinek gibt es den Satz: „Ich will von dem Theater, dass mich bisher zurückgestoßen hat, fortkommen und sehen, ob es mir nachkommt." Es wird Sie nicht überraschen, dass mir diese Einstellung gefällt. Weil sie die Feindschaft Autorin / Theater nicht leugnet und wegkumpelt, sondern ausspricht und sogar genießt.

Elfriede Jelinek schreibt auch danach. Sie schreibt herrliche und unspielbare Stücke, schrille kleine Hassmaschinen, die das Theater dennoch zu spielen versucht. Das Theater kommt Elfriede Jelinek nach, nicht mit fliegenden Fahnen, nicht im Galopp, aber doch in stetigem Trab. Eingeholt hat es sie noch nicht – und das ist immer seine eigene Schuld. Am nächsten ist ihr vielleicht Frank Castorf gekommen, mit seiner Hamburger Inszenierung von *Raststätte oder Sie machens alle*, und merkwürdigerweise hat er sich ihr dabei in offener Feindschaft genähert. Dass zum Finale der Aufführung eine Jelinek-Puppe mit blinkendem, auf- und zuklappendem Genital auf der Bühne hin- und hergefahren wurde, hat die Autorin nicht bewogen, sich von Castorf zu distanzieren. Elfriede Jelinek zu hassen scheint paradoxerweise ein Weg zu sein, Elfriede Jelinek, die schreibend die Welt hasst, nahe zu kommen. Die Hamburger *Raststätte* war ein seltener Moment der Wahrheit in der Beziehung von Autoren und Regisseuren. Feindschaft aushalten – das können Castorf und Jelinek beide gut.

Elfriede Jelineks Stücke sind Sprachgeschosse zur Selbstverteidigung. Jeder Text ein Stachelkleid. Jeder bohrt sich tiefer in immer dieselbe Wunde. Was bleibt, das Bild der Person unter den Stacheln: Jelinek. Ein Verteidigungsring verrät das Bild der zu verteidigenden Festung.

Die Jelinek-Welt besteht aus Jelinek, seit Jahren schon. Die Achternbusch-Welt besteht seit Jahren aus Herbert Achternbusch, der nicht gegen die Theaterregeln anrennt, sondern sie stattdessen mit stoischer Ruhe ignoriert und die Bühne einfach gelassen als einen weiteren Ort zur Ausbreitung der Achternbusch-Welt besetzt. Sonst schreibt er eben Bücher, malt oder dreht Filme. Er wartet nicht auf das Theater, und entsprechend seinem Motto „Du hast keine Chance, aber nutze sie" hat er kein Theater, er nutzt es. „Ja, ich halte das alles aus", schreibt Achternbusch, müsste aber nicht schreiben, wenn er es täte. „Ich komme durch", befiehlt Achternbusch sich, „und wenn ich der letzte Mann bin!" Und: „Einfach weiterschreiben." Unterwegs zündete er die Schecks mit seinen Preisgeldern an.

Während Elfriede Jelinek und Herbert Achternbusch sich immer tiefer in sich verschraubten, scheint Franz Xaver Kroetz immer wilder um sich selbst herumzuspringen, von Peru und Brasilien heim nach Bayern (oder heim nach Indien), von der DKP zu Bild, von der Theaterkunst auf den Fernsehschirm, immer an der Grenze, sich selbst in irgendeinem Anfall von Wut oder Eitelkeit oder beidem endgültig zu verlieren. In der Dramenkunst ist er der versierteste, und im Leben immer bereit, sich noch ein bisschen unbeliebter zu machen.

Warum kommen diese drei mir unter der arrivierten deutschsprachigen Dramatikerschaft wie die jüngsten vor? Warum sind sie mir am liebsten? Jeder Halbgebildete erkennt das Narzisstische, unheilbar Egomane ihrer Strategie: Alle wollen sie so laut und beharrlich wie möglich geliebt werden für das, was sie sind, und alle geben sie sich so kratzbürstig wie möglich, um noch mehr Liebe zu erpressen, fast wie Heimkinder, die um Schläge betteln. Wir müssen sie aushalten und haben was auszuhalten dabei.

Kann man denn nicht auch anständige Theaterstücke schreiben, Theaterstücke, aus denen wir was lernen können und die uns die Welt erklären? Können die Künstler sich denn nicht ein bisschen zurücknehmen? Können sie nicht für uns schreiben, für das Publikum, statt für ein Marstheater? Planet Jelinek, Planet Achternbusch, Planet Kroetz.

Ich halte dagegen: Diese drei wagen im Schreiben, was jeder Schauspieler, jede Schauspielerin auf der Bühne jeden Abend wagt: sich selbst, seine eigene Persönlichkeit dem Publikum auszusetzen und zu hoffen, dass diese Persönlichkeit interessant genug ist, dass man sie sehen will. Und wer behauptet, Schauspieler würden sich in andere Menschen verwandeln, lügt. Das ist die klassische Notlüge, die diesen Beruf überhaupt erst erträglich machen soll. Und wer behauptet, Dichter schrieben irgendetwas anderes als sich selbst, lügt auch. Anders geht es nicht, darunter geht es auch nicht. Das ist überhaupt eine merkwürdige Vorstellung vom Schreiben oder Spielen, dass es erträglich sein soll.

Ich tue jetzt doch alles, was ich Ihnen am Anfang versprochen habe, nicht zu tun. Ein Konzept für eine Dramaturgie der Gegenwart und Ästhetik der Zukunft haben wir schon, jedenfalls ein Gerüst, wenn auch ein sehr geschmäcklerisches und privates. Jetzt werde ich auch noch von meinen Leseerfahrungen sprechen.

Ich habe für diese Autorentheatertage ungefähr 125 Theaterstücke gelesen. Ich habe nicht alle zu Ende gelesen. Es gab in den sechs Postpaketen mit Manuskripten eine erstaunliche Zahl von allegorischen Werken, in denen meistens die Sonne dem Wind das Leben erklärte. Es gab ein komplettes Rockmusical mit Bühnenbildskizzen. Es gab Familiendramen über die Flucht aus Ostpreußen. Und es gab eine Flut von fernsehspiel-realistischen Komödien, neue Folgen der Lindenstraße, mit Didi-Hallervorden-Humor versetzt. Es gab ein geradezu schauriges Bedürfnis nach Lustigkeit.

Wenn man in 125 Theaterstücken liest, hat man hinterher etwas über das Scheitern gelernt. Die häufigste Art zu scheitern, die mir bei dieser Leseorgie begegnet ist, ist das angestrengte Scheitern. Das bemühte Scheitern. Texte, die vor lauter heißem Bemühen, die Hausaufgaben zu machen, schwitzend ihr Thema verfehlen mussten oder gar nicht erst finden konnten. Im Rückblick erinnere ich mich einer krankhaft beflissenen Generation anzugehören, einer Generation, die deshalb, weil ich sowieso seit einigen Jahren den Verdacht habe, einer an ein allgemeines, diffuses Gefühl der Beflissenheit, vielleicht nur jedes Berufsfeld nach offenen Planstellen absucht. Mir war, bevor ich die Karriere der Regisseure Haußmann und Hartmann beobachten durfte, nicht so bewusst, dass Theaterregie ein Karriereberuf ist, dass man eine Karriere am Theater generalstabsmäßig planen und, mit den richtigen theaterkritischen Hilfstruppen in der Flanke, in die Tat umsetzen kann. Aber wahrscheinlich war ich bloß naiv.

Trotzdem ist meine Sehnsucht nach Regisseuren, nach Dichtern, nach Menschen überhaupt, die lieber nichts werden wollen, die nicht mal mehr ihre Hausaufgaben nicht machen und sich dann dafür entschuldigen wollen, sondern die gleich die ganze Schule schwänzen, noch immer groß. Und sie wird immer größer. Meine Sehnsucht nach Menschen, die dann vom Schuleschwänzer zum Hausbesetzer werden, zum Theaterbesetzer vielleicht.

Mein Kollege Gerhard Stadelmaier hat in einem Interview gesagt, wer heute Regisseur werden wolle, sei schon der Falsche. Ich finde, wer heute Dramatiker werden will und das für einen Beruf mit Unterhaltungsanspruch hält, ist schon der Falsche. Vor zwei Jahren gab es den Ersten Kongress der Theaterautoren in Essen, auf dem erregte und erboste Dramatikerinnen und Dramatiker versuchten, sich zu einer Gewerkschaft zu formieren, zu einer Interessengruppe unter Interessengruppen. Auf dem unnachgiebig gefragt wurde, warum Autoren bis zum heutigen Tag die Einzigen geblieben sind, die in unserem durchsubventionierten Theatersystem auf eigenes Risiko arbeiten. Im Anschluss wurde so mancher Skandal über mangelnde Reisekostenerstattung bei Dichtersymposien aufgedeckt.

Die gerade aus der Kongressdokumentation zitierte Frage ist mir ein Horror. Sie jagt mir kalte Schauer über den Rücken. Den meisten Subventionstheaterveranstaltungen, die ich besuche, sehe ich sowieso schon an, dass sie nicht auf eigenes Risiko entstanden sind. Das eigene Risiko ist das größte Kapital, das die Dichter noch haben. Denn falls es gelingt, das Subventionssystem zu perfektionieren und die Autoren fein säuberlich zu integrieren, wird der Bühnenverein per Manteltarifvertrag als erstes das Schuleschwänzen verbieten.

Vielleicht bin ich bloß überarbeitet. Die Spielzeit geht zu Ende. Vielleicht brauche ich Urlaub. Aber ich sehne mich nach geschlossenen Theatern: „Heute kein Hamlet. Sind im Biergarten." Ich sehne mich nach einem Theater der Schmuddeligkeit. Ich sehne mich nach einem Theater der Wurschtigkeit. Ich sehne mich nach leeren, verlassenen Bühnen, weil ich hoffe, dass aus dieser Leere irgendwann etwas entsteht.

Ist es von seinen Subventionen breitgedrückt, richtet keine Phantasie das deutsche Theater wieder auf.

Lieber John von Düffel! Liebe Chris Ohnemus! Liebe D. Rust! Liebe Katharina Tanner! Lieber Simon Werle! Bitte schwänzen Sie Schule. Fangen Sie sofort damit an, von mir aus schwänzen Sie den Rest dieser Rede. Falls Sie das Berliner Ensemble kaufen wollen, um dort das erste deutsche Schulschwänzertheater zu gründen – dpa, bitte mitschreiben! – werde ich mich gerne mit meinem gesamten Jurorenhonorar daran beteiligen. Unter der Bedingung, dass Hochhuth nicht mitmacht.

Bis es so weit ist, werden Jelinek, Achternbusch und Kroetz mir die liebsten Schulschwänzer bleiben – Elfriede Jelinek und Herbert Achternbusch, die sich nicht seit Jahren, sondern seit Jahrzehnten weigern zu lernen, wie man anständige Theaterstücke schreibt, und Franz Xaver Kroetz, der weiß, wie man's macht und sich immer wieder erfolgreich um die Literaturbetriebsplanstelle „Meisterdichter" bringt, indem er bei jeder Gelegenheit allen mit dem nackten Hintern ins Gesicht springt.

Zuletzt war Siegfried Unseld dran, mit dem sich vorher schon Achternbusch verkracht hatte. Handke schimpft auch auf den Suhrkamp Verlag und lässt wissen, er würde einem jungen Kleinverlag gern mit seinen Werken auf die Beine helfen. Gar nicht erst bei Suhrkamp verlegt werden zu wollen, wäre ein guter Anfang für die Neugeborenen. Gar nicht erst am Burgtheater inszenieren zu wollen. Sich gar nicht erst um das Stipendium vom Literarischen Colloquium zu bewerben. Gar nicht erst auf den Mülheimer Dramatikerpreis zu hoffen. Gar nicht erst gefördert werden zu wollen. Wie gesagt, vielleicht brauche ich auch bloß Urlaub.

Bevor ich fahre, sage ich Ihnen noch kurz, wie ich meine, dass man Theaterstücke schreiben sollte. Schließlich habe ich Ihnen vorhin versprochen, das nicht zu tun. Das Tourette-Syndrom, sagt Neurologe Oliver Sacks im Spiegel der vergangenen Woche, ist eine Krankheit, bei der die Betroffenen durch Tics und zwanghaft wiederkehrende Bewegungen auffallen, aber auch durch plötzliche Gedankenblitze, Witze, Inspirationen und wunderliche Einfälle. Und Sacks erzählt weiter: „Ein Freund von mir, er heißt Shane und ist ein Künstler in Toronto, leidet unter dem Tourette-Syndrom. Wenn man ihn beobachtet, wie er zum Beispiel im Wald – nach Art eines Hundes, aber mit der Intelligenz eines hoch begabten Menschen – herumspringt, alles anfasst, an allem riecht, die Welt geradezu zwanghaft erkundet, dann ist das schon erstaunlich. Er verweigert jede Behandlung, weil er fürchtet, sie könnte ihm von seinem Gefühlsreichtum und seiner Vorstellungskraft etwas wegnehmen. Andererseits weiß er über die Gefahren seiner Krankheit sehr genau Bescheid. Er ist im Stande und stellt plötzlich seinen Fuß vor ein Auto, wenn es gerade losfährt. Bis jetzt hat er ihn noch jedes Mal rechtzeitig zurückgezogen. Aber er führt ein Leben auf Messers Schneide."

Ich gestehe Ihnen, dass ich eine unstillbare Sehnsucht nach Stücken verspüre, die mit dem Fuß unter dem Vorderrad eines anfahrenden Autos geschrieben worden sind. Nach Art des Hundes. Jede Behandlung verweigernd – die berüchtigte Kantinenschocktherapie ebenso wie das Stipendiatsvalium. Eine Dramatik, die herumspringt, alles anfasst und auf Messers Schneide an allem riecht.

Ich fasse zusammen. Bitte nehmen Sie Ihre Schreibhefte, das sind die mit den Linien, nicht mit den Karos.

Ich habe Ihnen gestanden, dass ich keine Hausaufgaben gemacht habe – und sie dann beim Reden irgendwie doch noch nachgeholt. Ich habe Ihnen in einem Klima von Handwerk und Kumpanei eine Ästhetik der Entgrenzung vorgeschlagen, der Entgrenzung nach außen und innen. Meine Emphase sollte dabei meine mangelnde Vorbereitung überspielen. Ich habe mich öffentlich nach einem Schulschwänztheater gesehnt und Ihnen meine Lieblings-Schuleschwänzer vorgestellt. Ich habe mein Jurorenhonorar für den Ankauf des Berliner Ensembles angeboten, obwohl ich der Meinung bin, dass man im Berliner Ensemble überhaupt nichts mehr machen, tun und retten kann und dass man es schließen sollte. Ich ziehe mein Angebot also zurück. Aber das ist alles nicht so wichtig. Ich sage Ihnen jetzt, was wichtig ist.

Mit zweiundzwanzig war ich in München in eine Tabori-Hospitantin verschossen. Diese Frau hatte leider einen Freund, einen grimmigen, breitschultrigen Sportstudenten. Das ist nur bedingt wichtig. Wichtiger ist, dass diese Frau etwas gesagt hat, was ich nicht vergessen habe. Einen Satz. Seine Einfachheit wird Sie verblüffen. Er ist trotzdem schrecklich wahr. Die Frau hieß und heißt noch heute Nebenführ, und ich möchte ihren Satz heute als den „Satz der Nebenführ" in die öffentliche Diskussion einführen. Er lautet: „Wichtig ist nur, dass etwas passiert."

Ich meine das auch gar nicht so scherzhaft. Es müssten sich doch Stadtväter und Landesmütter (und Publikümer!) davon überzeugen lassen, dass ein Theater kein Kulturversorgungsamt ist, keine Shakespeare-Schiller-Tschechow-Leihbibliothek, und dass eine Experimentierbühne nichts Gefährliches und Räudiges ist, das man auf die kleinste auffindbare Spielstätte verbannen muss. Dass das Neue, Unerprobte das Eigentliche ist und die Repertoirepflege höchstens die Zugabe.

Schluss jetzt mit dem Gemäkel. Hier und jetzt wird etwas passieren, eine Woche lang, immerhin. Und wer weiß, was! Es wird geprobt, das ist am Theater die beste Nachricht, die es geben kann. Sie alle kommen, sehen sich an, was es hier zu zeigen gibt, setzen sich mit uns darüber auseinander und stellen uns all die Fragen, von denen Ihre Lehrer früher behauptet haben, dass sie dumm sind – das wäre die noch bessere Nachricht.

Robin Detje war Juror bei der Erstausgabe der ATT im Jahr 1995.

20

Milena Michalek, Fiston Mwanza Mujila, Thomas Perle,
Nele Stuhler, Maria Ursprung

Schreiben im Theater drinne (Im Autor:innenatelier)

Milena Michalek, Fiston Mwanza Mujila, Thomas Perle, Nele Stuhler und Maria Ursprung waren von September 2021 bis Januar 2022 zu Gast im Autor:innenatelier, einer im Rahmen der Autor:innentheatertage 2021 etablierten temporären Schreibstube. Maria Ursprungs Stück *Schleifpunkt* gehörte darüber hinaus zu den Gewinnertexten der ATT 2020. Nele Stuhlers Stück *Gaia googelt nicht* wurde bei den ATT 2019 szenisch gelesen und später uraufgeführt; für die ATT 2020 schrieb sie den Nachfolgetext *Gaia rettet die Welt.* Milena Michaleks Theatertext *Das hier* war Teil der ATT 2020. Mit ihrem Text *Koralli Korallo* war sie zu den ATT 2022 eingeladen.

Also. Es ist ja wohl NORMALERWEISE so, also so wird es erzählt, dass Theaterautor_innen in ihren kleinen Büdchen sitzen (immerhin haben sie Büdchen, in denen sie sitzen können), sich Welt vorstellen oder die Bühne oder jedenfalls noch irgendwas anderes, was ein bisschen mehr ist als dieses kleine Büdchen hier und es dann in ihre kleinen Kisten schreiben. In sicherem Abstand zu diesem dunklen Raum, in dem das, was hier jetzt gerade noch flink in das Kistchen getippt, plötzlich laut ausgesprochen wird. Das meiste wird ja nicht laut ausgesprochen, was die da so in ihre Kistchen schreiben, aber ab und zu eben doch.

Huch.
Ich hab das doch nur in aller Stille in meinem Büdchen in mein Kistchen getippt, hab ein paar ganz leise Mails mit einer Dramaturgin gewechselt und jetzt wird es hier so in den Raum gebrüllt. Ja, so hab ich mir das ja so gar nicht vorgestellt in meinem Büdchen, na wunderbar. Also wirklich. (Autor_innen stellen sich ja immer so einen Quatsch vor.)

Da ist ja noch einiges passiert auf dem Weg. Da gab es Dramaturgiesitzungen und Regietelefonate, Entschuldigung, können Sie vielleicht was mit diesem, ähm, Stück hier anfangen? Ja, doch, wird schon gehen. Besetzungsgespräche und Probengespräche und Proben und Kritik und Proben und wer hat sich eigentlich bitteschön diese Sätze hier ausgedacht, also ich weiß ja wer, aber hat sich das auch mal jemand gefragt, wie man das lernen soll, eigentlich?

Aber davon ist Autor_in Kilometer entfernt in ihrem Büdchen und kocht sich eine Tasse Pudding. Und das ist auch gut so, so wird es erzählt, der Abstand, das ist schon auch wichtig für mich, das merk ich ja immer auf den Premierenpartys, dass mir das eigentlich schon zu nah ist, eigentlich, jaja. Prost. Wo ist denn hier das nächste Klo?

Und die Frage wäre jetzt, also eine der Fragen, oder vielleicht ist es auch gar keine Frage, sondern einfach nur eine Info für die Lesenden hier:
Was passiert, wenn jetzt Autor_in plötzlich so mittendrin ist im Gefecht?

Oder gleich fünf Autor_innen. Aber nicht gemeinsam. Sondern nacheinander. Autor_in für Autor_in.

Thomas, ich hab in unseren Mails gesehen, dass du dir Karten für den Friedrichstadtpalast bestellt hast und ich bin neidisch.

so krass. so viel zu gucken. weißt gar nicht wohin du gucken sollst. grad noch bewunderst du die tänzer:innen auf der bühne und im nächsten moment ist die bühne voller wasser. und alle in fischkostümen.
dann seiltänzer:innen, die durch die luft fliegen. und im nächsten moment ist die bühne wieder trocken. und so viele beine. so viele. beine. so viele.
da geht es definitiv nicht um story. nein.
nach der show im friedrichstadtpalast war ich mit frau merkel im deutschen theater.

Ich fand es in der Theorie sehr motivierend, Nele, dass du so viele Stücke angeschaut hast, die Tickets hingen da an der Tür. Aber ich sags ehrlich, ich hab nicht so viele geschaut dann doch. Welches fandest du am besten?

Sag ich nicht.
Und hier hat es mal angefangen. Mit der Frage, wie das ist in diesem Zimmerchen zu sitzen, umschlossen von Dramaturgie-Büros. Und für eben dieses Theater, was da um einen herum hektisch geplant wird, zu schreiben.

Täglich verirrte ich mich in das Zimmer, das mir dabei half, nicht mehr schüchtern sein zu müssen.

ein fenster hell
mit folie bedeckt
kein blick hinaus.
ein luftzug nur.

ist es ein song
ein hochzeitslied
wer singt mit

la la la
mi mi

Milena, es war so schön mit dir in einem Saal über das Theater-
schreiben zu sprechen. Und dann waren auch noch andere Leute
da, aber das war gar nicht so wichtig.

Dieser kleine Raum war für mich größer als ein Schloss. Er war rie-
sig wie ein Dorf, eine Bergregion, ein Fluss. Wer weiß? Vielleicht
sogar auch ein Zoologischer Garten. Wenn ich mit einem Stück
beschäftigt bin, lebe ich definitiv mit meinen Figuren. Sie beglei-
ten mich überall hin. In den Supermarkt. Auf meinen Reisen. Ins
Restaurant. Sogar aufs stille Örtchen. Ich habe immer den Eindruck,
dass die (Theater-)Figuren wirklich existieren. Sie sind keine Papp-
figuren, Geister oder Kreaturen. Aber Menschen wie du und ich:
mit einem Kopf, einer Wirbelsäule, zwei Armen und zwei Beinen,
Verlangen, Begierden, Obsessionen. Ich kann sie spüren, riechen.
Ich höre endlos ihren Atem, ihr Lächeln oder Geräusche, wenn sie
sich zanken. Manchmal sogar auch die Schreie, die sie ausstoßen,
nachdem sie besoffen sind. Meine (Theater-)Figuren mögen Chaos.
Sie reden Kauderwelsch. Sie verlieren die Nerven. Sie schmollen.
Sie nörgeln. Sie schnauzen an. Sie nennen mich Großvater, obwohl
einige von ihnen älter sind als ich. Ich war also nicht allein in diesem
Kämmerlein. Die Figuren leisteten mir Gesellschaft.

Ich spreche nie mit meinen Figuren. Sie sprechen immer nur untereinander.
Über was sprecht ihr so?

Ich habe mit ihnen über alles und nichts gesprochen. Ich sprach mit meinen Figuren über Politik. Ich sprach mit ihnen über den Schnee. Ich sprach mit ihnen über die Sexualität der Schildkröten. Ich sprach über Angela Merkel. Ich sprach über die Wahlen in den Vereinigten Staaten. Ich sprach über Bayern München und Borussia Dortmund. Ich sprach über Bill Clinton und Michelle Obama. Ich sprach von Archie Mountbatten-Windsor, dem ersten Kind von Meghan Markle und Prinz Harry. Ich sprach von Papst Benedikt XVI. Ich sprach über Viktor Orbán, Meister Eder und seinen Pumuckl. Ich sprach über Russland. Ich sprach über die Ukraine. Ich sprach über politische Gefangene. Ich sprach von Flüchtlingen, die im Mittelmeer ertrinken. Ich sprach vom Artensterben, von Hungerrevolten und Überbevölkerung. Ich sprach von Säuglingen, die in den Steinbrüchen arbeiten. Ich sprach von Säuglingen, die in bewaffneten Gruppen rekrutiert werden; Säuglingen, die für ein Stück Brot ihren Körper verkaufen dürfen; Säuglingen, die betteln; Säuglingen, die nicht mehr zur Schule gehen; Säuglingen, die von ihren eigenen Eltern verkauft werden, Kindern, die unter dem Sternenhimmel schlafen, Säuglingen in Flüchtlingslagern, Säuglingen in Gefängnissen, Säuglingen in Konzentrationslagern; Säuglingen, die an Unterernährung sterben; Säuglingen, die an allen möglichen Krankheiten krepieren; Säuglingen, die Klebstoff kiffen, Säuglingen, die zwangsverheiratet sind; sexuell missbrauchte Säuglinge; Säuglingen ohne Zugang zu sauberem Trinkwasser, Säuglingen, die an Masern, Mumps und Röteln sterben; Säuglingen, die in Fabriken schuften, Säuglingen in der Textilindustrie. Ich sprach von Panzern. Ich sprach von Raketen und Bomben, die auf den Irak, Libyen, Syrien, Afghanistan regneten. Ich sprach über verschiedene Krankheiten: Krebs, Tripper, Masern, Ruhr. Ich sprach von all den Schwarzen, die in den Vereinigten Staaten erschossen wurden: Michael Brown in Ferguson, Eric Garner in New York, Daunte Wright in

Minneapolis, Trayvond Martín in Sanford, Laquan McDonald, Akai Gurley, Walter Scott, Alton Sterling, George Floyd, der murmelte lange vor seinem Tod, „I can breathe, I can breathe, I can breathe".

hallo

Hallo zurück. Schulkinder nutzen das.

Wofür?

zum lästern
chatten
so onlinedokumente
wie wir
das autor:innenatelier
hier
docs, in denen sie dann über die schule und ihren alltag schreiben.
pandemiealltag. die armen.

Ah gut danke tschau

mitten in der pandemie bezog ich das zimmerchen. ne. stimmt ja gar nicht.
das büro gehörte noch maria. war noch marias büro. die mir ein fahrrad geschenkt hat! ein fahrrad!!! ohne witz. die schweizerin schenkt dem osteuropäer ein rad. maria, das war eine so schöne weihnachtsshow mit adventskalender und bescherung.
an heiligabend fuhr das rad mit mir im ICE.

Fiston, ich habe gehört, du hast den Drachenbaum nicht gegossen. Ich habe mich da unter Druck setzen lassen und nachgegeben. Dabei hat niemand von uns einen Drachenbaum bestellt.

–   Ich will auch ein Fahrrad
–   Ich auch

- Ich auch
- Ich nicht, ich will einen/
- Kinder, Kinder, nur ruhig, ich habe alles für euch in diesem kleinen Kistchen, alles, was ihr braucht und mehr: Für dich gibt es ein Fahrrad, für dich ein Offshorekonto, und das ist für dich
- Was ist das?
- Es heisst Tarbok.
- ?
- Zu gegebener Stunde wirst du herausfinden, was es ist. Und das hier ist für dich.
- Ich will einen Drachen.
- Das ist noch besser.

Was ist ein Drachenbaum?

[Bild einfügen.]

Ich schäme mich. Wirklich. Es ist ziemlich schwierig, diese Geschichte zu erzählen. Du glaubst mir nicht. Man könnte sagen, ich bin verrückt geworden. Ich soll in die Psychiatrie. Aber die Wahrheit ist: Ich habe den Drachenbaum mehr als 30 Mal am Tag gegossen. Eines Tages sagte der Baum zu mir, was ist los mit dir? Warum misshandelst du mich?
Ich antwortete: Ich gebe dir was zu trinken. Der Baum: Warum? Lass mich in Ruhe. Das Wasser verhindert den Schlaf.
Seit diesem Tag beschloss ich, mich um mein Geschäft zu kümmern.

Und die Tür. Die Tür vom Büro:
Offen oder zu.
Oder offen.
Oder zu.
Oder immerhin so ein Spalt breit offen.
Weil wirklich offen, da kann man ja auch gleich in einem Schaufenster arbeiten.

Gucken Sie mal hier: ein Autor_in bei der Arbeit.

Aha, so sieht das also aus.

Aber ganz zu, das könnte ja so gelesen werden, als würde sich Autor_in da verschanzen.

Oder niemand merkt, dass Autor_in überhaupt da ist. Dabei ist Autor_in da, schon seit Stunden da. Zumindest da. Dieser Körper.

Aber ob das wirklich Autor_in ist, wenn das zwar da ist, aber überhaupt nicht schreibt, schon seit Stunden nicht schreibt.

Doch, doch, läuft super.

Vier Stücke schon fertig, ich schick's gleich zum Drucker.

Man kann die Tür auch angelehnt lassen. Das heißt dann, dass Autor_in anwesend ist und wahrscheinlich auch arbeitet, aber bitte gerne gestört werden darf. (Meistens möchte Autor_in, die mir vertraut ist, eigentlich gerne gestört werden.)

Oh, ist das aufregend, dich beim Schreiben zu sehen.

Und ja genau das, das mein ich doch. Dieser Spalt. Es braucht eben den Spalt.

Den Spalt zu Welt oder so?

"Spalt zu Welt" fänd ich einen guten Titel für den Text hier.

Sehr aufregend! Ich vertipp mich dauernd aus Nervosität. Das passiert mir sonst nie; wenn ich den Spalt zu hab kommen normalerweise nur wohlgeformte Sätze und monolithische Texte rausgeflossen in das Kistchen rein.

Das Klo ist übrigens DIREKT gegenüber. Also wirklich direkt.

Und wenn jemand die Spülung nicht richtig bedient, dann plätschert sie sich über Stunden fast unbemerkt in den Text hinein.

Theater ist Intuitionsaufzeichnungsmaschinerie.

Theater ist Affekt-Herstellungs-Apparat.

Theater muss wieder mehr Schlafraum werden.

(Das waren übrigens Gedanken, die ich beim Zuschauen von Proben hatte, also eigentlich explizit nicht im Büdchen sitzend.)
(Ich wollte immer zu Proben. Aber dann bin ich doch im Büdchen sitzen geblieben.)
ich war auf proben.
Ich habe gesessen und gelauscht und mir Notizen gemacht.
Und immer bilde ich mir auf Proben sitzend ein,
dass sich, während ich so sitze, von ganz alleine
ein neues Stück schreiben würde, wie von Zauberhand,
pro Probe mindestens ein Stück,
und der einzige Grund, warum mir das nicht gelingt, ist
die Dunkelheit, in der ich sitze.
Die Buchstaben entgleiten, werden riesengroß und übermächtig,
fangen an, mich anzuschreien, sich von mir abzuwenden.
Also delegiere ich die Aufgabe des Stückeschreibens
an mein zukünftiges Ich,
schreibe in mein Notizbuch:
„DU SOLLST EIN STÜCK DARÜBER SCHREIBEN, DASS" –
und dann steht da eine
eine Idee.

Ideen sind wie Drachenbäume.
Sie klingen gefährlicher, als sie aussehen
und wollen auch gegossen werden,
wenn niemand sie bestellt hat.

und um ganz sicher zu gehen in diesen pandemischen zeiten, durfte ich in ein kleines döschen spucken. das wartete mit meiner spucke im kühlschrank.
von maria bekam ich am nächsten tag folgende mail weitergeleitet:

Liebe Kolleg:innen,
im Kühlschrank befand sich eine nicht deutlich lesbar beschriftete Gurgelprobe von jemandem, den wir nicht in unseren Listen haben bzw in unserer Kontaktdatei (wenn die Anfangsbuchstaben des

Nachnamens Gy sind)
Kann jemand für Aufklärung sorgen?
Und die Bitte: es muss mit uns im VORHINEIN abgesprochen wer-
den, wenn gegurgelt werden soll, inklusive aller Angaben, die das
Labor braucht.

voll anonym. an alle mitarbeiter:innen geschickt. mit meinem namen und geburtsdatum. kriege hoffentlich geburtstagsgrüße. 07.07.

Ich fands auch spitze mit dir Nele im Salon. Hatte seitdem zwei
Gespräche, wo Leute meinten, dass sprechende Tiere eigentlich gar
nicht klar gehen im Theater. Es hört nie auf. Aber ich erinner mich,
dass du das ja auch prophezeit hattest. Also dass das bald schon
nicht mehr gehen wird. Aber ich fand das Meeting von Fisch und
Koralle jedenfalls super.

Maria, hast du denn eigentlich noch mit der geheimen Abteilung
gesprochen, mit der du noch sprechen wolltest?

–   Wenn man dich fragt, was ist deine Geschichte,
        was würdest du antworten?
–   Kommt darauf an, wer mich fragt.
–   Falsch. Es kommt darauf an, wann man dich fragt.
–   kompliziert. wo fang ich an?

29. NOV. 2021

berlin. bin da. nicht unter einer brücke, kein schlafsack an der
friedrichstraße, sondern ein richtig schönes apartment ganz in der
nähe des theaters.
mit badewanne. langsam ankommen.
wie ich immer gejammert habe, dass meine stücke nicht gespielt
werden.

Mimimimimi, Pandemie Pandemie, mimimi, niemand spielt mit meinem Text. haha.

1.DEZ. 2021
morgen meine erste dramaturgiesitzung um 11.00 uhr.

(Ich komme zu spät zur Dramaturgiesitzung. Ich bin nicht die Letzte.)

3. DEZ. 2021
muss dringend mein stück fertig schreiben.

jedermann   was wollt ihr
                         stört ihr
                         uns?
                         platzt hier so
                         rein?

erkennt seinen buhl. blutverströhmt.

                         nein
                         nein
                         nein

Meine Figuren sind oft sehr schüchtern, versuchen sich hinter mir zu verstecken. Dass alles Schreiben mir als Versteck hinter ihnen dient, begreifen sie erst, wenn es kein Zurück mehr gibt.

                         nein
                         nein

buhl im todeskampf. ein röcheln. nicht mehr zu retten. das leben bald mit nur einem hauch davon. verhaucht. jedermann erträgt den

anblick nicht.
er sucht. findet. kommt zurück. mit einem stein. er hebt ihn hoch
über seinen kopf hinauf. was folgt darauf könnt ihr euch denken.
dunkel wird es nun im saal.
und fällt. und knackt. schlag auf schlag. ein gnadenakt.

komm
du
lass uns los
wir ziehen weiter
bleiben geister
zeitlos
in der zeit
und
schauen

denen da

beim leben

sterben

zu.

ENDE

wie geil. fertig. ende.
hab in unserem büdchen tatsächlich ein stück fertig geschrieben.

Täglich verirre ich mich in einem dunklen Saal.

es ist schwierig in diesen tagen, den spalt zu welt einen spalt sein zu
lassen. die ereignisse sind so laut. dort draußen. vor dem büdchen.
vor der grenze. was dringt durch den spalt zu welt hinein? was sagt
SPALT ZU WELT?

SPALT ZU WELT
... endlich fällt der schleier / endlich sehen wir klar / wird klar gesehen

vorhin in der ubahn kurz im grundgesetz nachgelesen, ob im ver-
teidigungsfall deutsche staatsbürger eingezogen werden könnten.
gelernt, dass kriegsdienstverweigerung ein bürgerrecht ist. ist das
ein naiver gedanke? ist jetzt nicht die zeit, wehrpflicht und männliche institutionen/disziplinierung in männerkörpern zu kritisieren?
wie geht es in diesen tagen einer trans-person in der ukraine? ist das
nicht der zeitpunkt für diese frage? A sagt, kein ereignis wird sich
jemals wiederholen, aber die elemente bleiben gleich und sie treten
immer anders in beziehung, verschwinden für eine zeit, tauchen
wieder auf. ist krieg ein element? ist disziplinierung ein element?
wehrpflicht? muss an die belarussische autorin denken, die ich im
rahmen von radar ost lesen gehört hab. es hat mir gefallen, wie leise
und schnell sie gesprochen hat. als wolle sie nicht zu viel raum einnehmen. almut zilcher hat dann die deutsche übersetzung gelesen
und diese beglückenderweise durch ihre stimme ordentlich raum
einnehmen lassen. raumnahme. wie nimmt man sich raum? oder
wie hier oben jemand es ausdrückte: wie kann ein raum helfen,
der schüchternheit zu entkommen? was hängen blieb von dem
prosaischen kriegsbericht waren die worte schweisssucht / tarbok /
pest. habe tarbok gegoogelt und nicht herausfinden können, was
es bedeutet.

SPALT ZU WELT
endlich fällt der schleier / was wird klar gesehen / wer sieht wen an /
von wo sieht wer wen an

P sagt, er wäre weltmüde. (das bin ich auch.) – ich auch. er hat seine
brasilienreise abgesagt, möchte lieber in diesen zeiten bei seinen
liebsten sein. ich denke an meine reise mit der transsibirischen
eisenbahn vor vier jahren. aus so vielen gründen ist die vorstellung
von moskau bis nach peking zu fahren innerhalb von vier jahren zu

einer absoluten ungeheuerlichkeit geworden. ich schaue mir fotos an von mir, M und den russischen soldaten, mit denen wir in der kabine wodka getrunken und gebackenes huhn gegessen haben. erhitzte und aufgekratzte gesichter. die von M und mir, weil wir so verliebt waren gegenseitig und so überrumpelt von der gastfreundlichkeit der männer und auch ein bisschen von dem schweißgeruch. die männer, die eigentlich eher jungs waren damals vor vier jahren jedenfalls noch, waren auch aufgekratzt. warum war schwer herauszufinden. vielleicht war es ihre erste längere reise von zuhause weg?

Nach der Ankunft ist warten angesagt, da es
Probleme mit den persönlichen Daten gibt.
Man teilt uns uninspiriert mit: „Das System funktioniert nicht."
Später haben wir uns in Fünfergruppen anzumelden.
Wir werden zu unserer Gesundheit befragt, getestet,
der Schlafplatz wird zugewiesen und es gibt
allgemeine Informationen zur Aushebung.
Die ärztliche Untersuchung beginnt unspektakulär.
Doch als der Arzt das Stethoskop wieder und wieder
auf meiner Brust verschiebt, weiss ich, dass etwas nicht stimmt.

ich schaue die rotgeblitzten augen an auf den fotos und frage mich, ob diese jungsmänner jetzt gerade teil eines über sechzig kilometer langen konvois russischen militärs sind, der sich auf kiew zubewegt. ist diese frage unangemessen? auf dem weg zum begreifen tasten die gedanken sich blind durch ein dickicht von irrelevanz und unmöglichem. sind soldaten elemente? sind menschen elemente? werden menschen indem sie zu soldaten gemacht werden, zu elementen gemacht? lese, müller, der krieg sei notwendig von zeit zu zeit als ventil. falsche lektüre jetzt, lege es weg. wie radikal ist pazifismus denkbar oder praktizierbar? wann wird pazifismus zu naivität?

habt ihr angst? ich immer mehr.

SPALT ZU WELT
wir werden eure yachten / offshorekonten / villen neben unseren
finden und wir werden sie /

Anschauen und auf den sozialen Medien darüber schreiben und uns
wundern, dass wir immer nur von außen auf alles sehen werden
wir uns nicht

beschlagnahmen

suche dringend nach linker position in der unübersichtlichen
gemengelage / wie ist das mit der nato-osterweiterung gewesen /
wieso gibt es die nato überhaupt noch?
ich hole ja diese ganze baggage aus vergangenheit / edlem histo-
rienrost / geisterahnentoten unter mühen nur deshalb heran, weil
die hoffnung besteht diese gegenwart einmal kurz zu fassen zu
bekommen für einige wenige sekunden

Täglich verirre ich mich in meinem Herzschlag

SPALT ZU WELT
endlich fällt der schleier / was will gesehen werden

wie entkommt man der westlichen bias? ist dies nicht der richtige
zeitpunkt für diese frage? M meint, er glaube nicht, dass die soldaten von den fotos jetzt teil des konvois sind, sie wären sicher nur
einfache fußsoldaten ohne erfahrung. denke daran, wie ich mit B
darüber sprach, wie berührend As faszination und liebe für russland
ist. auf seinen theaterproben wird kalinka gesungen und pelzhüte
wirbeln durch die luft.

versuche meinen herzschlag in mir drin zu lassen
nicht jeden moment
anfangen zu
schreien

wie haltet ihr das alles aus?

SPALT ZU WELT
endlich fällt der schleier

ich lerne das wort holodomor: ukrainisch für hungertod, bezeichnet den bis heute nicht anerkannten genozid stalins an mehreren millionen ukrainer*innen in den dreißiger jahren. / was ist der unterschied zwischen empathie und solidarität? ist die frage nach dem unterschied eine gute frage oder wäre die gute frage eher die nach der schnittstelle?

Ist es falsch, wenn ich frage, ob wir nochmal über das Schreiben sprechen wollen? Wie schreibt Autor_in über das, was eindringt durch den SPALT? Im Lichte des Hereinfallenden? Also wisst ihr was ich meine?

B schaut in den himmel
die zeichen sind eindeutig heute. hier gibt es einen bruch, man könnte sagen wolkenbruch oder aber riss im weltenmantel. eine klar umrissene nunja umstülpung. es ist eine falte der zeit. ein zeitfalter. alles in der welt strebt danach in seinem zustand der lebendigkeit zu verweilen. außer der zeitfalter, der stets danach strebt sich selbst abzuschaffen, dessen interesse einzig und allein darin besteht, schnell wieder weg zu müssen, immer schon zu alt zu sein, zu alt und zu schnell. alles alte ist schnell, alles junge ist langsam. so war es immer. so wird es immer gewesen sein. wer sind wir?

–   wir sind eine gruppe von befreundeten jungen männern, die gemeinsam einen wanderurlaub machen.
–   nein. wir sind ein paar, das mit der transsibirischen eisenbahn durch russland, sibirien, die mongolei bis nach peking fährt.
–   wir sind nichts als watt im wattenmeer. pardon. wir sind

eine klasse, die auf klassenfahrt in wangerooge eine
wanderung durchs watt macht, eine wattwanderung. wir
sind gefallene engel. wir sind eine sackgassen-zivilisation.
wir warten auf die flut. wir warten auf die sonnenfinsternis.
wir warten auf die fliegensaison.

– wir befinden uns also in freizeit?
– wir befinden uns unterwegs.

– eine utopische gruppe kann nur eine gruppe sein, die
unterwegs, die in bewegung ist, sein. eine sesshafte gruppe
ist immer die hölle, immer das ende.
– was weißt denn du schon von gruppen?
– ich bin meine eigene gruppe und ich weiß viel über sie.
– dich?
– über mich gibt's nix zu wissen, aber die gruppe, die ich
bin, kenne ich sehr gut ja, seit vielen jahren. wir kennen uns
seit der grundschule.

fürs theater zu schreiben heißt doch vielleicht, orte zu behaupten.
raumnahme ja, raumnahme durch gedanken. und ein ort ist dann
nicht mehr ein ort, er ist schichten von orten. also konkret die bühne wird doch durch die gedanken, die dann laut ausgesprochen
werden, wird doch die bühne also zu einem anderen ort, als sie es
war. die bühne wird durch die gedanken ein beweglicher ort, eine
schichtung von orten. wo das gestern dem morgen begegnen, das
wattenmeer auch sibirien sein kann. oder ein italienischer thymi-
anwald. und die gruppen, die, die gedanken rausbrüllend, durch
diese landschaftsschichten ziehen, diese gruppen sind zwangsweise
beweglich. sie können nicht verharren, können nicht erstarren, sie
setzen sich über nationale grenzen hinweg, über identitäre grenzen und vielleicht auch naturgesetzliche grenzen. und die, die die
gedanken gedacht, beziehungsweise in das kistchen hineingetippt
haben, die sind ja auch zwangsweise bewegliche gruppen geworden,
weil gedanken denken geht ja eben nur als gruppe.

Es ist so schön durch eure Gedankenlandschaften zu streifen.
Es ist traurig das Ende von hier aus schon zu sehen.
Es gibt den Wunsch noch etwas Kluges / Schönes / Wichtiges bei-
tragen zu wollen.
Obwohl eure Schönheit / Klugheit / Wichtigkeit so absolut aus-
reichend ist.

und auch wenn da jemand durch den spalt in das büdchen hinein-
schaut und denkt: ah 1 autor_in bei der arbeit, schreibt und denkt
da so still vor sich hin, so ist das ja ein großer irrtum, weil in wahrheit ist das ein ziemlicher lärm, der da stattfindet. da brechen die
ahnen sich bahn, da krakeelen die zukünftigen herum, da kämpfen
die landschaften miteinander, um herauszufinden, welche gruppe
durch welche schichten von orten wandern wird.

Wohin ist denn das Bild vom Drachenbaum entschwunden?
Ist es durch den Spalt gehuscht?

Könnte es vielleicht auf der nächsten Seite
GANZ GROSS erscheinen?
Also wenn man jetzt umblättert, dann...

21

Anja Hilling

Ein Gefühl der Fremde, das ich euch schwer beschreiben kann
(denn es ist falsch):
Auf einer Premiere, hinter der Bühne, nachdem ein Stück, das ich
geschrieben habe, aufgeführt wurde, und die Erleichterung Raum
gewinnt, in den Gesichtern, den Körpern, und auch der Text abfällt
als etwas, das ihr getragen habt über eine unruhige Zeit, und es
könnte keinen schlechteren Moment geben, uns zu begegnen als hier,
jetzt, denn ich seh, dass meine Sätze euch durchquert haben, be-
schäftigt, genervt, dass es mich gegeben hat in euch – bis jetzt.
Jetzt hier aufzutauchen, ist das einzig Falsche an diesem Moment.

Ein paar Gedanken zur Nähe

Anja Hillings Theaterstück *Protection* war eines der Gewinnerstücke der ATT 2005 und wurde bei den ATT 2014 erneut gezeigt. Ihr Stück *Radio Rhapsodie* war Teil der ATT 2009.

Das Theater zu betreten ist etwas, das ich weder beherrsche noch lassen kann. Und es gibt nur zwei Arten, die ich kenne.

Was die erste angeht, ist das Betreten absolut physisch gemeint, eine Strecke durch den konkreten Ort, durch die Pforte, die Gänge, Etagen, Büros. Ich versuche, noch während ich aus einem Aufzug steige, mir die Richtung zu merken, die Abzweigungen, versuche Stellen im Teppich zu finden, die mir helfen werden beim Rückweg, aber ich weiß, dass ich nicht zurückfinden werde, nicht ohne mich in einem Traum zu befinden, in dem ein Gang in einen nächsten übergeht, der sich verhält wie eine Gegenbewegung, zum Ausgang, zum Gedächtnis.

Es ist so, dass euer Haus mich verwirrt.

Das Haus, das ihr belebt und bewacht, das Familiäre, das ihr vermittelt, mit euren Worten, die so vertraut und undurchdringlich sind wie die Zeilen und Brüche in seit Ewigkeiten geführten Diskussionen, mit euren Körpern, die gewohnt sind, sich nah zu sein vor den Plakaten historischer Schlachten und Versöhnungen. Ob ich das Gefühl habe zu stören. Nein, das ist es nicht. Die Arme, die sich öffnen, sind ein ernst gemeintes Angebot: komm einfach dazu. Es liegt an mir. Ich kann nicht dazukommen, denn ich dachte, ich wär schon da.

Aber ich hab nicht an euch gedacht, an eure Nähe, die mich schwimmen lässt auf dem epochalen Meer jener Dichter*innen, die euch schon mal in einen Abgrund gezogen haben, der noch immer in euch weilt, irgendwo, wo ich euch auch gern treffen würde, nicht hier, in diesem Büro im dritten Stock, mit dieser Gewissheit, keinen Blick halten zu können, keine Diskussion, die doch der Beginn sein sollte eines gemeinsamen Lieds, das hier, in euren Räumen, zu schweben lernt in der bodenlosen Welt.

Ich kann nur versuchen, hier rauszukommen, durch irgendeinen Ausgang, der niemals der Eingang war, zurück in die Illusion, die draußen wieder Kontur gewinnt: Teil zu sein, von euch, dem Sound der Gemeinschaft.

Das ist die andere Art, den Ort zu betreten (die Illusion):

Ich würde sagen, dass wir uns dort streifen, aber selbst das wär schon zu viel gesagt zu dieser Nähe, die den Körper kreuzt, ohne sich zu stoßen am Gerüst unserer Knochen. Es ist die Begegnung, die geschieht, wenn ein Text entsteht, zwischen Tag und Nacht, in dem Licht, das vergessen hat, dass es unmöglich ist (sich zu kennen). Manchmal, wenn ich schreibe und wir uns treffen auf diese Art, denk ich an meine Zeit hinter der Bar. Die Blicke, die unter der Routine tausendmal vollzogener Tätigkeiten in den Raum gehen ohne irgendwo zu landen, in die Gesichter, die alten, die neuen, in die Augen, die kurz in die eigenen fallen, aber nie mehr verraten als die Farbe und den Grad der Müdigkeit, die Fetzen von Schönheit und Verfall und Gerüchen, zu einer Schwere verwoben, die sich auf die Bewegungen legt und die Zunge, der Geruch von Alkohol beim Ruf meines Namens, die sich beinah berührenden Hände beim Austausch einer Flasche oder eines Scheins, die Gespräche, die ohne Ende und ohne Anfang sind und wie die Linien des Rauchs für einen Moment konkret werden und dann nochmal auftauchen, schon kurz vorm Hellwerden als Reflexion eines Musikstücks auf der Oberfläche eines türkisen Getränks.

Diese Tage liegen hinter mir, aber die Art der Nähe ist mehr und mehr in mein Schreiben gewandert. Es geht sogar noch einen Schritt weiter. Obwohl wir uns vielleicht noch nie begegnet sind oder nie werden oder nie wieder werden, hab ich das Gefühl, dass wir uns unterhalten, ein Gespräch führen, das wir an irgendeinem Punkt aufnehmen können, in einer Regieanweisung vielleicht, die einen Ort beschreibt, eine Stadt zum Beispiel oder einen Körper oder eine Amnesie, einen Raum, der die Grenzen der Bühne sucht, um keinen Zweifel zu lassen an der Unaufhaltsamkeit seiner Ausbreitung, den Auswüchsen von Natur und Gefühl, der Zerstörung der Gewissheiten, der Geburt neuer Formen von – (Freundschaft)

Ich weiß nicht, ob es gut ist, die Illusion zu äußern. Das Glück, zu sprechen, ohne zu wissen, mit wem. Den Moment da wir uns verbünden, etwas Maßloses zu verteidigen gegen die Grenze, die uns erhält.

Ich weiß nicht, ob es zählt, diese Art, sich zu verbünden.

Ich weiß noch nicht mal, ob ich eine Antwort darauf möchte.

Wahrscheinlich schon.

22

Patty Kim Hamilton

You Retweeted
Grace Walker @GraceWalkerr
Dec 17, 2021
Theater ist echt sowas von peinlich

Patty Kim Hamiltons Theaterstück *Peeling Oranges* war Teil der ATT 2021.

Ich denke die ganze Zeit über diesen Tweet nach. Ständig. Ich denke in der U-Bahn darüber nach, unter der Dusche, beim Versuch, Fremden, denen ich auf Partys begegne, zu erklären, was ich beruflich mache. Er bringt mich zum Lachen, über mich selbst, über die Absurdität meines Lebens. Ich denke darüber nach, weil das Schreiben fürs Theater mein Beruf ist: Die Sache, der ich tausende Stunden meiner Lebenzeit gewidmet habe. Ich denke darüber nach, weil das Theater mich peinlich berührt (z. B. wenn es sich performativ gibt), weil es mich wütend macht (zB wegen der Ausbeutung von Arbeitskraft – wegen der Menschen, deren Stücke nicht gespielt werden – wegen seiner elitären Art) und weil es mich frustriert (wegen seiner Selbstbezogenheit – weil gute Stücke oft zu früh sterben). Und trotzdem hab ich mein Leben dieser Welt der Illusionen gewidmet: Erwachsene, die sich in Kostümen auf einer Bühne zur Schau stellen, die Emotionen des Alltags imitieren und dabei meine Worte im Mund führen. Da gibt es Worte, die über das Dasein in diesem Körper, in dieser Zeit, in jeder Zeit, Auskunft geben. Und manchmal, wenn diese Körper meine Worte sprechen, denke ich: „Entspann dich. So ernst ist die Sache auch wieder nicht!"

Ich denke über diesen Tweet nach, denn als ich ihn gelesen habe, fühlte ich mich gemeint. Er erinnert mich an Teenager, die in der Schule Theater spielen, die sich unter Tischen verstecken, sich gegenseitig Geheimnisse erzählen und sich (immer mit großem Ernst) zu einem Leben im Dienst der Kunst verpflichten. Dieser Ernst ist im Theater allgegenwärtig. Er ist unausweichlich, weil Ernsthaftigkeit für diese Kunstform nötig ist. Das Theater kann sein Nachdenken über den Zustand der Welt, über unser menschliches Dasein, nicht ohne echten Kampf, ohne Konflikt, Not und Dringlichkeit vermitteln. Vielleicht liegt die Quelle meiner peinlichen Berührtheit genau dort – denn ernsthaft zu sein bedeutet immer, die Fehler und Absurditäten des eigenen Lebens aufzudecken.

Ein großer Teil von mir empfindet es als absurd, meine ganze Zeit damit zuzubringen, über erfundene Welten mit erfundenen

Menschen nachzudenken – vor allem im Angesicht der Ereignisse, die sich in der realen Welt zutragen. Weniger als 14 Autostunden von uns entfernt herrscht Krieg. Es sind Bilder, die mich zum Weinen bringen, jedes Mal, wenn ich die Nachrichten lese. Und doch kehre ich immer wieder zur Möglichkeit des Imaginären zurück, zu der Möglichkeit, auf der Bühne Welten zu schaffen, die in der Interaktion mit dem Publikum das Potential zur Heilung haben. Manchmal scheint es mir die einzige Möglichkeit zu sein, die schmerzhaften (und/oder schönen) Realitäten, in denen wir leben, zu verarbeiten.

Also schreibe ich.

Ich schreibe im Bett. Ich schreibe auf der Couch. Ich schreibe in den schlimmstmöglichen ergonomischen Positionen. Ich schreibe zu den falschen Uhrzeiten in der Nacht, wie mir ein Arzt für chinesische Medizin einmal gesagt hat. Ich schreibe, wenn ich die Worte laut gesprochen höre – ein Gespräch in der Probe, das schnell in sechs neue Dialogzeilen verwandelt wird. Bearbeiten, immer wieder bearbeiten, hunderte winzige Änderungen jedes Mal, wenn ich einen Entwurf durchgehe oder beim Zuhören. Schreiben fühlt sich für mich meistens wie Bearbeiten oder wie Zuhören an. Ich höre Menschen sprechen und tippe eilige Notizen in mein Handy, um sie später lesen zu können. Ich höre die Zeilen der Figuren laut ausgesprochen und denke: „Ja, das stimmt." Oder: „Nein, das muss geändert werden."

Kürzlich habe ich diese Zeile auf meinem Handy gefunden: „Der See muss voller Fische sein." Dann dachte ich: „Aber wer würde sowas denn sagen? Und in welcher Welt wohnt dieser Jemand? "

In einer Welt in meinem Kopf zu leben. Im Bus zu sitzen und zu denken: „Wenn der See voller Fische ist, woher kommen die dann? Und was für Fische könnten das sein? Die einzigen Fische, über die ich etwas weiß, sind Lachse, und das nur, weil ich als Kind einmal eine Doku gesehen habe, an die ich mich kaum erinnern kann."

Mögliche Bühnenbilder zu sehen, wenn ich meine Augen schließe. Einen Sonnenschirm, unter der Sonne. Sonnencreme, in einer Kühlbox. In Figuren, Stimmen, Konflikten, Narrativen zu denken. Die Freude an der Entdeckung. Dieser Moment, wenn ein Element der Welt oder der Geschichte plötzlich Sinn ergibt. Wenn du etwas schreibst und weißt, dass das die wahre Stimme der Figur ist. „Ich könnte schwören, dass es Sandwiches gab..."

Ich habe mir vorgenommen, einen Aufsatz über die Peinlichkeiten dieser, meiner Kunstform zu schreiben; stattdessen denke ich darüber nach, wie das Schreiben von Worten, die auf die Bühne gelangen, die Mauer zwischen mir und der Welt aufgelöst hat. Es beginnt damit, dass eine Figur sagt, „Der See muss voller Fische sein." Ich höre ihr zu. „Wie würde die Antwort lauten? Wer sind diese Figuren füreinander?" Normalerweise kommt dann die nächste Zeile. Die Stimmen enthüllen Wahrheiten über ihre Figuren, über die Welt, über mich. Ich arrangiere sie. Ich spiele mit Rhythmus und Sprache, ich werfe Ideen hin und her wie Tischtennisbälle; die Gespräche entspinnen sich und folgen ihrem Fluss. Das erfordert Disziplin (gepaart mit echter Neugierde und Engagement für das Schreiben) und hat doch auch etwas zutiefst Mystisches. Schreiben gibt dir die Möglichkeit, ein Gefäß zu werden, erlaubt dir, die Worte und Geschichten ankommen zu lassen. Sie entstehen zu lassen, auf einem Blatt Papier.

A TINY PLAY

(one of my favorite kinds of plays)
(in the tradition of Heiner Müller's *Herzstück*)

1   The lake must be full of fish.

2   And so? It is clear as today. I can see to the bottom and
     I wouldn't stop swimming.

1   I would like to cup my hands and touch the shimmers of gold.

2   Perhaps we need an umbrella. Have you put on any sunscreen?

1   I could have sworn there were some sandwiches in the cooler...

2   Salmon remember where they were born. They return to
the place of their birth to give birth. Or maybe to die?
I can't remember.

1   I can't remember where I was born.
But
I think this would be a good place to die.

23

Laura Naumann

Was ist wichtig?

Laura Naumanns Theaterstück *süsser vogel undsoweiter* war einer der Gewinnertexte der ATT 2010. Ihr Stück *Das hässliche Universum* war 2018 bei den ATT zu Gast.

Ich lese von Theatern, die zu Schutzräumen und Anlaufstellen für Flüchtende werden. In denen Molotowcocktails gebastelt und Kostüme zu Tarnnetzen verwebt werden. Ich sehe Bilder von Theatern, in denen Bettenlager errichtet wurden, von Theatern, die zu Hilfsorganisationen geworden sind.

„Ich bin für ein Theater, das hilft", ist ein Satz, den ich schon oft gesagt habe, aber ich hatte etwas anderes dabei im Kopf.

Es kommt mir komisch vor, in diesem Moment den Text mit dem Titel *Das große Dilemma: Die Scham der Autorin, wenn ihre Sätze die Bühne betreten* zu verfassen. Es kommt mir komisch vor, in diesem Moment an dem Kurzessay mit dem Titel *Im Schatten der großen Schwester: Gegenwartsdramatik vs. idealisierte Klassiker* zu arbeiten. Ich habe Mühe, mich auf die Glosse *Forever young! Bald 20 Jahre Jubiläum als junge Autorin!* zu konzentrieren. Und auch der Text *Inneren Stimmen eine Stimme geben – wie Dialoge entstehen* kommt mir grad einfach nicht wichtig genug vor.

Was ist wichtig?
Was ist wichtig, wenn?

Im Fernsehen steigen Frauen um die Wette aus einer überdimensionierten Puderdose auf einen Catwalk hinab. Auf einem anderen Sender sagt ein Politiker: „Aber meine Damen und Herren, mit Moral allein wird die Welt um uns herum nicht friedlich." Ein anderer Politiker sagt: „100 Milliarden für die Freiheit". Ich googele, ob Waffen und Freiheit per Definition dieselbe Sache sind. In einer Chat-Gruppe bitten Freiwillige andere Freiwillige um Unterstützung. Am Hauptbahnhof steigen Menschen aus Zügen aus und wissen nicht, wohin. Vor einem Haus steht ein Gartenzwerg in Tarnuniform mit einem Maschinengewehr. 49,95€, erhältlich online – „ein wahres Muss für jeden, der seinen Garten schützen will durch einen Soldaten". Ich gewinne einen Streit und habe trotzdem verloren. Im Internet und im Bundestag lachen Männer über feministische

Außenpolitik.
Ein Panzer rollt auf die Bühne und richtet seine Kanone auf das Publikum. Das Einlasspersonal beginnt, 100 Milliarden Freiheit an die männlich gelesenen Zuschauer:innen zu verteilen. Als Frauen gelesene Menschen und Kinder dürfen den Saal verlassen. Es ist der 08. März. Internationaler Anti-Patriarchatstag. Ein junger Mann im Publikum meldet sich zu Wort:

MANN   Ich bin Grafikdesigner, wie soll ich das Patriarchat bekämpfen, ich hatte noch nie ein Maschinengewehr in der Hand?

Der Panzer gibt ein dröhnendes Lachen von sich. Die Einlassperson patscht dem jungen Mann mitfühlend auf die Schulter.

EINLASSPERSON   Das schaffst du schon.

Und dann, strenger:

EINLASSPERSON   Da musst du jetzt durch.

Im Foyer bekommen die Rausgelassenen Wasser und beraten darüber, wie sie das, was im Saal vorgeht, stoppen können. Viele Pläne scheitern, weil ihnen die Ressourcen fehlen. Andere, weil die Kinder gefüttert werden müssen. Weitere, weil ganz einfach die Türen zum Saal zu fest verschlossen sind. Die Geräusche, die zu ihnen herausdringen, sind unerträglich. Es bleibt ihnen nichts anderes übrig als es auszuhalten, während sie Schilder hochhalten, auf denen steht, dass sie dagegen sind. Eine 100-Jährige gibt der Presse ein Interview.

100-JÄHRIGE   Ich hab es so satt. Was für ein Bullshit.

Mehr gibt es nicht zu sagen.
Einige schaffen es noch, zu fliehen. Für andere ist es zu spät.
Wenn ich früher über ein Theater, das hilft, nachgedacht habe, ging

es dabei um Trost und Empathie, um Aufklärung, um Versuche von Darstellung komplexer Realitäten, von Bildern und Sätzen, die beim Leben helfen.

Vielleicht geht es darum immer noch, vielleicht geht es darum immer.

Vielleicht reicht es aber auch nicht.

Vielleicht ist es das Einzige, was hilft.

Im Radio sagt die Leiterin eines Berliner Off-Theaters: „Wir kämpfen jetzt mit der Kunst gegen den Krieg".

Ich melde mich für ihre nächste Veranstaltung an.

Kleine Geschichte der Dramatik

Bei den ATT 2014 war *Helmut Kohl läuft durch Bonn* von Nolte/Decar als Gastspiel zu sehen. *Der neue Himmel* von Nolte/Decar wurde bei den ATT 2015, *Gespräch wegen der Kürbisse* von Jakob Nolte bei den ATT 2016 uraufgeführt.

Es begann mit *Kabale und Liebe*. Wir lasen Szenen des Stücks abwechselnd, und wer einen Fehler machte, musste an die Sitznachbarin oder den Sitznachbarn weitergeben. Ich finde erstaunlich, dass Kindern beigebracht wird, Theaterstücke seien „Klassiker der Deutschen Literatur", während es heute unmöglich scheint, ein Buch zu verkaufen, auf dem Drama steht. Wenn man das Handwerk studieren will, kommt man kaum oder nur schwer an die preisgekrönten Texte von beispielsweise Mülheim ran. Ich meine jetzt keine Personen des Betriebs, sondern Irgendwen von Irgendwo, der oder die sich mit zeitgenössischer Dramatik auseinandersetzen möchte.

Später meinte ein geheimnisvoller Dramatiker zu mir, dass in *Kabale und Liebe* eine der besten Szenen überhaupt wäre, nämlich die, in der Lady Milford die Diamanten verschmäht. Warum die Szene so ausgezeichnet sei, wollte er mir nicht sagen. Bis heute weiß ich es nicht (sollten Sie es tun, Erklärungen bitte an jn@tegelmedia. net). Dann spielte ich im Jugendtheater in Hannover bei *Quizoola* mit, einem Text von Tim Etchells. Was für ein Glück ich mit meiner Theaterpädagogin hatte! Damals schenkte ich der Frage danach, ob das ein guter oder schlechter Text sei, keine Beachtung. Aber ich weiß, dass ich mich an seiner Seite stark gefühlt habe.

Sasha und ich saßen im Mezzo hinterm Hauptbahnhof Hannover, und sie meinte zu mir, dass sie in Berlin Szenisches Schreiben studieren würde. Wusste gar nicht, was das ist. Wusste bis dahin gar nicht, dass man fürs Theater auch schreiben konnte. Dachte, man spielt oder man macht Regie. Aber fand ich natürlich super. Sasha war also eine Schriftstellerin. Ich bin dann auch nach Berlin gezogen, aber für einen Freiwilligendienst. Manchmal hing ich mit ihr und den Szenischen Schreibenden ab – bevor ich es selbst studierte. Wir hockten im Raum 14, haben nach einer Lesung getrunken und geraucht, und ich erinnere mich noch vage, dass Nis mit allen eine Art Dichtwettbewerb machen wollte? Als ich an die UdK kam, unter der neuen Leitung von John von Düffel, durfte man nirgends mehr rauchen. Wir mussten aus dem Fenster der 18 klettern, um uns Selbstgedrehte anzuzünden. Manchmal kam Katja mit einer Stange Parisienne vom Flughafen, und wir haben jeder eine Packung bekommen.

Von 2008 bis etwa 2015 war meine Faszination für die Kunstform Theaterstück am größten. Etwas wie *Marat / De Sade* hatte große Bedeutung für mich, und gar nicht mal so sehr das Stück, sondern das Buch, dieser heilige, geile, kleine Suhrkamp. Das war der höchste Anspruch, diese Bändchen. Passten auch gut zu den unzähligen Spektaculums, die bereits antiquarisch erworben und penibel durchgearbeitet in irgendeiner Ecke des Zimmers verknickten. Die gehörten genauso zum Ensemble wie die Ibsen-Gesamtausgabe (*Kaiser und Galiläer* der geheime Liebling) und das Sarah Kane-Buch. Da mussten wir schon lachen, wenn wir das auf einer WG-Party im Bücherregal sahen, weil das hatte wirklich jede:r. Aber ein bisschen mussten wir auch weinen wegen *Gier*. Es klingt vielleicht komisch, aber Horváth und Tschechow waren wichtig für mein Leben. Und jede neue Entdeckung ein Fest. Dea Loher in der Theater heute, eine Kopie von *Sinn* von Anja Hilling, die Stücke von Dennis Kelly. Wer davon ein PDF besaß, sofort teilen! Alles verschlungen. Wie sich die Regieanweisung bei *Taking Care of Baby* zum Schluss verformen. Kompletter Flash. Michel meinte: Schimmelpfennig. Fand ich dann auch. *Arabische Nacht* und *Vorher/Nachher*. Pollesch, die *Prater-Saga, Diktatorengattinnen, Ein Chor irrt sich gewaltig*. Koltès, *Hase Hase* von Coline Serreau, *We Are Proud to Present a Presentation About the Herero of Namibia, Formerly Known as Southwest Africa, From the German Sudwestafrika, Between the Years 1884–1915* von Jackie Sibblies Drury, *Der Drache* von Jewgeni Schwarz und *Far Away* von Caryl Churchill. *Far Away* von Caryl Churchill: ey uff. Aber über allen: Müller. Wir saßen um halb sechs am Schlesischen Tor, Margarita-Pizza 1€50, Sternburg die Hälfte davon und riefen mit Gotscheff im Ohr: HeRR bRich miR das Genick im StuRz von eineR BieRbank. Fatzer Material. Wörter wie: Kaufhausbrand, Pillenknick. Die gingen gut rein. Da ging es auch um die BRD und um die DDR, aber schön fremd. Schon auch häufig: einfach Männer. Schroeter, Artaud. Anatoli Efros und Wolfgang Bauer.

Und dann kam Jelinek und alles war neu und offen und machte plötzlich: neugierig, aber auch Angst. Angst wie in: Castorf: kann man so was überhaupt schreiben? Oder nur proben? Die Antwort bleibt: hoffentlich. Auf den Schultern von imaginären Freund:innen.

Ferdinand Schmalz

Flimmern
Eine Rede (2022)

Und da beim Lesen all der Stücke, beim Diskutieren darüber in den Jurysitzungen mit Julischka Eichel und Christiane Rösinger, im Austausch mit dem Haus, mit Bernd Isele und Franziska Trinkaus, mit Claus Caesar und Ulrich Khuon, und dann beim Nachdenken darüber, was ich denn hier zu der Eröffnung der Autor:innentheatertage 2022 sagen könnte, immer wieder diese Frage, was ist das denn: Gegenwartsdramatik? Was heißt es hier und heute fürs Theater schreiben? Wie setzen sich die eingereichten Stücke zu dieser Gegenwart, die wir das Heute nennen, wie setzen sie sich dazu in Bezug? Wie schaffen sie es, dieses seltsame Ding, das wir die Wirklichkeit nennen, einzufangen, in einen Theatertext hineinzupacken, in Sprache zu verwandeln, und wie schaffen sie es, vor allem Vorlagen zu geben für jenen zweiten künstlerischen Arbeitsprozess, der später auf den Probebühnen dann erst stattfindet? Was unterscheidet einen Text, der zwar heute produziert wurde, aber nicht heutig ist, von einem Theatertext, den man als Gegenwartstheater beschreiben könnte? Wie verweben sich Texte mit einem Zeitempfinden, wie finden sie Ausdruck für Dinge, die quasi in der Luft liegen? Wie geht das? Wie ist denn das, wenn man zu schreiben dann beginnt, wenn wieder mal man in die Tasten reinhaut, da in der Dichterkammer drin, weil eine Deadline näher walzt? Die Tastatur massiert im Rhythmus der Gedankentaktung. Und hat man sich nur alles mal zurechtgelegt, die Theorie, die Themen und den Zeitbezug, die Bilder und Begriffsversenkungen und hallt das Lied, das man am Weg hierher sich in die Ohren reingestöpselt, hallt es noch nach ein bisschen, überträgt vielleicht sich was von all dem auf das Blatt, das weiße. Übersetzt sich etwas von dem Dichterkammerflimmern da ins abstrakte Schwarz und Weiß der Lettern, das sich dann Wochen später noch da auf der Probebühne wiederum entfalten lässt, und finden dann die Spieler:innen den Rhythmus vor da zwischen diesen Zeilen und bringen ihn mit ihrer eigenen Gedankentaktung dann zum Klingen. Machen ihre Körper zu Klangkörpern, die mit dem Textcorpus zu tanzen dann beginnen. Machen aus dem Abstrakt der Schrift, der linearen Letternschlange wieder so viel mehr, dass dann vielleicht da am Premierenabend im vollgesteckten Bühnenraum, da zwischen Spieler:innen und dem Publikum, dass da vielleicht sich dann auch so ein Flimmern einstellt wieder, so wie das Dichterkammerflimmern Monate zuvor, ein Flimmern, das die Bedeutungen und Wörter, die Sprache als Ganzes dann für einen kurzen Augenblick da aus den Angeln hebt und eine/n anders blicken oder besser hören lässt da auf die Wörter, von denen man doch eigentlich gedacht, dass sie uns gut vertraut. Dieses anders Hören von Wörtern, das anders Verstehen von Begriffen, das anders Denken von Themen ist eine der Hauptaufgaben eines Theaters, das der Frage nachgeht, was denn das für Zeiten sind, in denen wir hier leben?

Und hat das Schreiben wie das Theater selbst etwas rauschhaft Dezentrierendes. Man schlüpft im Schreibakt aus sich selber raus und rein da in den Text, schlüpft rein in andre Stimmen, in Situationen, in Gedanken, die einem selbst erst fremd. Man möcht fast meinen, das Schreiben ist von großer Schlüpfrigkeit. Hannah Arendt würde sagen, man lehnt sich aus sich selbst, um zwei in einem dann zu sein. Dieses aus sich selbst Rausschlüpfen ermöglicht erst, sich zu sich selbst dann zu verhalten. Vielleicht sich all der Dummheit einer rein subjektiven Sicht bewusst zu werden. Da aus dem Text heraus sich selber sehen, wie man hineinstarrt in den Text. Viel von dem Unterhaltungs- und Erkenntniswert des Schauspiels kommt von diesem Schlüpfen, in Rollen schlüpfen, in aufwendigste Kostüme, in Masken schlüpfen, in andre Perspektiven, in andre Köpfe schlüpfen, in eine Denke reinschlüpfen, die nicht die eigne sein muss. Um dadurch vielleicht, wenn wir Glück haben, auf die blinden Flecken unsrer eigenen Perspektive dann zu stoßen. Und obwohl, oder gerade weil das Theater meist mit offenen Karten spielt, den Trick schon ansagt, das Fingieren offen ausstellt, kriegt es uns doch, weil eben nicht die täuschend echte Illusion, dass da jemand als Hamlet auftritt, interessant ist, sondern zu sehen, wie jemand in diese Hamletfigur hineinschlüpft. Wie legt jemand eine Figur an, wie schlüpft er oder sie da rein in diese Puppe aus Sprache oder auch umgekehrt, schlüpft vielleicht eher die Sprachpuppe da in den Schauspieler, die Schauspielerin hinein. Theater, wenn es gelingt, schafft es immer wieder, uns zum Perspektivenwechsel zu verführen, um uns darin aber unsrer eignen Vorurteile bewusst zu werden. Und hat mitunter auch dann etwas Peinliches, oder auch Komisches, oder auch etwas peinlich Komisches dieser Moment, an dem wir dann wieder merken, wie wir uns selber auf den Leim gegangen sind. Aber da in diesem peinlich komischen Moment liegt ein Fünkchen unmittelbarer Erkenntnis, oder sogar Selbsterkenntnis dann begraben. Der Moment, der uns erkennen lässt, dass wir vieles nicht erkennen, ja niemals aus unsrer ich-zentrierten Sicht erkennen können. So ist das nun einmal mit diesen Vorurteilen, den gänzlich internalisierten. Doch an dem Punkt, an dem man sich der eigenen Vorurteile nicht mehr bewusst werden will, an dem Punkt, an dem man nicht mehr akzeptieren will, dass es Vorurteile gibt, die man aus sich selbst heraus nicht wahrnimmt, für die es ein Gegenüber braucht, einen anderen Blickwinkel, an diesem Punkt kommt eine Hölzernheit dann ins Theater. Dort wird, was eigentlich ein Spiel sein sollte, zu lieblos im Bühnenraum abgestellten Posen, die nirgends mehr landen, die jedes Flimmern verloren haben. Theater jedoch, das sich einer Gegenwart verschrieben hat, muss leichtfüßig bleiben, muss Formen, Stimmen, Figuren finden, die eine Gelenkigkeit da auf die Bühnenbretter zaubern. Und haben die drei ausgewählten Texte, die hier am Festival zur Uraufführung kommen werden, und auch der lobenswert erwähnte, gerade in der Form der Sprache und des Ausdrucks etwas, das uns einlädt, das verhandelte Thema nochmal anders zu betrachten, sei das die Frage wie frau mit patriarchalen Machtstrukturen im Theaterbetrieb umgeht, in Paula Thieleckes *Judith Shakespeare – Rape and Revenge*, oder die Frage, was für ein behutsames gegenseitiges Vertrauen die Pflege über alle Sprachgrenzen hinweg braucht, in Raphaela Bardutzkys *Fischer Fritz*, oder die Frage, welch toxische Wirkung ein Schweigen in Familien entfalten kann, ein Schweigen, das glaubt, Dinge aus der Welt schaffen zu können, indem man nicht mehr darüber spricht, in Alexander Stutz' *Das Augenlid ist ein Muskel*. Alle drei Texte finden ihre ganz eigene Form für diese Themen, die sie aus dem Themenhorizont herauslöst, und damit darüber hinaus auf Grundlegenderes verweist. Der viel zu früh verstorbene Wiener Literaturwissenschafter Wendelin Schmidt-Dengler hat mal geschrieben, dass man das Thema nur in den Text reinretten kann, indem man sich aus dem Würgegriff des Themas befreit. Was heißt, will man ein Thema verhandeln auf der Bühne, braucht es den Umweg über die poetische Form. Nebensächliches erzählt oft mehr über das Thema als der direkte Bezug. Eine Metapher, die scheinbar einen Nebenschauplatz aufmacht, wird zum eigentlichen Zentrum des Geschehens. Und nichts anderes passiert, wenn es in diesen Texten zu flimmern beginnt, wenn Shakespeare auf den Balkon tritt, um seiner Schwester Platz zu machen, wenn der Sohn der Pflegerin seines Vaters die Haare schneidet, wenn der Kloß im Hals plötzlich zu sprechen beginnt. Da passiert etwas, das mich anders blicken, anders hören, anders denken lässt, da passiert etwas, um hier wieder mal den alten brechtschen Begriff zu verwenden, hier passiert etwas Verfremdendes. Oder wie Jacques Rancière den Begriff der Verfremdung beschreibt: „Dem Prozess, der die Zuschauer über die Lage der Dinge ‚in Kenntnis setzt', muss der gegensätzliche Prozess folgen, der die Zuschauer vom ersten distanziert. Er muss ihnen fremd erscheinen, damit ihnen die Lage der Dinge fremd erscheint. Die Geschichte von Arturo Ui und dem Karfiol Trust, ist mehr als nur eine Geschichte über Blumenkohl. (...) Doch zugleich darf sie auch nichts anderes als eine Geschichte über Blumenkohl sein, eine dumme, unsinnige Wirklichkeit, die jenes Gefühl des Absurden hervorrufen soll, das sowohl die reine Freude am Spiel als auch das Gefühl des Unerträglichen nährt." Gerade da, in diesem Transferprozess der Wirklichkeit in den Kunstraum des Theaters, im Einfügen in die dramatische Form, im Übersetzen der Alltagssprache in eine überhöhte Kunstsprache, passiert etwas, das die Wirklichkeit erst verhandelbar, ja greifbar oder besser begreifbar macht. Ein Realismus, der kein Abbild einer äußeren Realität ist. Als würde die Kunst uns erst jenes Schlupfloch schaffen, um da an die Wirklichkeit heranzukommen. Als würde das Wirkliche uns erst dort wirklich erscheinen, wo es in die Kunst mündet. Die Wahrheit dort am wahrsten, wo sie in die Fiktion schlüpft. Das Authentische erst richtig authentisch dort, wo es sich zur Aufführung bringt. Hier entsteht die Realität immer erst zwischen den verschiedenen Sprecherposition, hier muss man jedes Gesagte erst mal abwiegen, hier hat alles einen doppelten Boden. Hier lüftet sich der Vorhang nur, um den Blick auf einen weiteren Vorhang freizugeben. Hier vermischt sich Kunstblut mit echtem Schweiß. Und weil uns das Theater immer wieder an diese Schwellenbereiche führt, dort wo die Trennlinien verschwimmen, zwischen Schauspieler:in und Rolle, zwischen Autor:in und Text, zwischen Spiel und Ernst, drum schult es auch ein Sensorium für eine Zeit, die voller Halbwahrheiten, deepfakes und alternative facts. Einer Zeit, in der das Dark Social zum allgemeinen Paradigma geworden ist. Also WhatsApp- oder Telegramgruppen, in denen unter Ausschluss breiter Öffentlichkeit, im Verborgenen quasi, die Verschwörungserzählungen weitergesponnen werden, die seit geraumer Zeit Leute regelmäßig auf die Straßen treiben. In diesen Dunkelkammern der Sozialen Medien werden diffuse Ängste geschürt, abstruse Narrative mit Halbwahrheiten versponnen, um damit bei jenen, die schon seit längerem das Gefühl haben, dass etwas schief läuft in der Welt, um dort auf nahrhaften Boden dann zu fallen, um weiter rein in die Gesellschaft dann zu wuchern. Und klingt vielleicht, als wäre Dark Social ein komplett neues Phänomen, aber genau das ist immer schon da auf den Stammtischen und Kneipentresen und Kaffeekränzchen passiert, wenn wieder einer oder eine dann da von der Seite kam mit, das hast du aber schon gehört, dass das mit dieser Mondlandung ... oder, dass die Zahnpasta-Lobby, dass die da mit Zahnärzt:innen unter einer Decke ... oder, dass Katzen keine echten „Lebewesen", dass die Abhörapparate der Regierung sind ... nur dass die Technik heute es ermöglicht, dass man den Stammtisch da am Endgerät, da in der Hosentasche immer mit dabei. Und nicht nur einen sondern gleich drei vier Stammtische, die man da drin in seiner oder ihrer Hosentasche drin. Vibriert es jedes Mal, wenn wieder jemand von der Seite dir dann kommt. Spät nachts und auch am Morgen schon immer da auf deinen fünf sechs Stammtischen. Und Meinungen und Aufregung, große Gefühle und Empörung, und jene Wahrheit, von der die da oben nicht wollen, dass du sie mitbekommst. Und Boulevardzeitschriften und Privatsender, die alles was nur schräg genug und trotzdem eine Angst da triggert drin im Menschen irgendwo, dann aufkochen fürs größere Publikum. Und eine Politik, die diese diffusen Ängste nutzt, um notwendigen Wandel dann zu bremsen.

Das Theater also als radikalen Gegenentwurf denken zu diesem dunklen Sozialen, als jenen Ort des Common Ground, oder besser als jenen Ort, an dem um einen Common Ground gerungen wird. Das Theater mit seinen kollaborativen Prozessen, seiner Vielstimmigkeit, mit seinen Publikumsschichten und Theaterkritiker:innen, seinen Ankleider:innen und Pförtner:innen, mit den Buhrufer:innen und bezahlten Claqueur:innen, seinen Jugendklubs und Premierenfeiern, seinen hitzigen Diskussionen und seinen Gewerkschaftssaunas, seinen Veranstaltungspolizist:innen und verpeilten Billeteur:innen ringt als Ganzes immer wieder vergeblich um diesen Common Ground, ringt vergeblich um eine gemeinsame Sprache, um gemeinsame Ideen, um gemeinsame Phantasien. Und auch wenn dieses Ringen immer vergeblich sein muss, liegt darin doch der ganze Spaß der Sache. Würde man sich im Theater jemals einigen können auf eine Erzählung, auf eine Auslegung, eine Interpretation, dann wäre es ja längst vorbei. Und so scheitern wir immer wieder im Ringen um jenes Gemeinsame, ohne das wir nicht leben können, und erlangen doch in manchen flüchtigen Momenten vielleicht so ein Gefühl davon, was die Gesellschaft als Ganzes ausmacht. Denn wenn uns diese Orte abhandenkommen, die Orte, an denen wir um ein Mindestmaß an Sinn für die Gemeinschaft kämpfen. Wenn wir zulassen, dass sie versteigert, zensiert, gestürmt, bombardiert werden, wenn wir Orte wie das Theater verlieren, dann wird uns irgendwann der Hass zerfetzen.

Am 16. März diesen Jahres trifft eine lasergesteuerte Präzisionsbombe das Drama-Theater in Mariupol, in den Kellern unter dem Theater sucht zu diesem Zeitpunkt die Zivilbevölkerung Schutz. Am Platz davor und dahinter das russische Wort für Kinder. Man geht von bis zu 300 Toten aus. Gibt man „Mariupol" und „Theater" in die Suchmaschine ein, schlägt sie einem als erstes zusätzliches Wort „Fake" vor.

Der ukrainische Dichter Serhij Zhadan schreibt: „Der Krieg bringt seine eigenen Wörter hervor. Sie klingen scharf und kalt, sie bezeichnen nie kriegsferne Dinge, obwohl sie ins zivile Leben eindringen und tiefe Spuren hinterlassen." Dieses Kriegsvokabular ist mittlerweile auch in den Sprachgebrauch derer eingesickert, die nicht in unmittelbarer Nähe des Krieges leben. Auch weil dieser Krieg, anders als frühere, uns durch die neuen Medien zeitnah vermittelt wird, die Bilder und Videos der Gräueltaten unverzögert da am Endgerät. Und schleichen sich die Wörter ein, die anfangs noch Fremdkörper waren, schleichen sich ein und machen sich's bequem da in der Sprache drin. Und würden nur zu gern ganz gewöhnliche Wörter wie andre sein. Vielleicht sprachlich einen Tarnanzug sich überstreifen und dann so tun als wäre das normal, dass wir jetzt über Truppenvormarsch reden, über Streubomben, über Massengräber, über Bombenbunker über Tellerminen. Diese Wörter müssen fremd klingen, auch wenn die Realität sie uns aufzwingt, wir dürfen sie nicht überhören, wenn sie im Radio ausgesprochen werden. Nur nicht gewöhnen, nicht gewöhnen an den Kriegsjargon, nicht gewöhnen an diesen Krieg, der ein Verbrechen ist. Nur nicht gewöhnen daran, dass mit Kriegsverbrechern Geschäfte gemacht werden. Nur nicht gewöhnen daran, dass Bahnhöfe, dass Schulen, Spitäler und Theater bombardiert werden. Dass Menschenleben aufgrund von imperialistischen Phantasien zerstört werden. Nur nicht gewöhnen daran, dass der Krieg wieder zu einem legitimen politischen Mittel wird. Dass die Freiheit des Wortes der Propaganda und Zensur weichen soll.

Das Theater ist als Ort einer vielfältigen Zivilgesellschaft, als gemeinschaftlicher Denkraum und als Sprachlabor nun doppelt gefordert. Gerade weil es wie ein Vergrößerungsglas, ein Mikroskop für die Sprache funktioniert, weil es da bis in die feinsten haardünnen Fasern von der Sprache reinleuchten kann, weil es gerade dort, wo unsre Sprache scheinbar glatt, zu glatt, doch Fugen, Brüche sieht, sieht, wo das Gift der Demagogen schon eingesickert ist, drum muss es sich heute da auf die Suche begeben, nach jenen Worten, die, wie Victor Klemperer meinte, wie winzige Arsendosen seien: „…sie werden unbemerkt verschluckt, sie scheinen keine Wirkung zu tun, und nach einiger Zeit ist die Giftwirkung doch da." In toxischen Zeiten braucht es das Theater als Entgiftungsanstalt.

Hannah Arendt: *Über das Böse.*
Jacque Rancière: *Die Politik der Kunst und ihre Paradoxien.*
Serhij Zadan: *Warum ich nicht im Netz bin.*
Gedichte und Prosa aus dem Krieg.
Victor Klemperer: *LTI. Notizbuch eines Philologen.*

Ferdinand Schmalz war Juror der Autor:innentheatertage 2022. Sein Theaterstück *dosenfleisch* war eines der Gewinnerstücke der ATT 2015. Seither waren fast alle seiner zahlreichen Stücke bei den ATT oder im Repertoire des Deutschen Theaters zu sehen.

Von: Rosa Von Praunheim
<██████@██████.com>
Gesendet: Sonntag, 24. April, 20:11

An: ██████, ██████
<██████@deutschestheater.de>

Betreff: Rosa von Praunheim
Re: Autor:innenTheaterTexte

Warum ich fürs Theater schreibe, bzw. überhaupt schreibe, Bilder male und Filme mache und warum ich Künstler und damit etwas Besonderes, also praktisch ein Auserwählter bin, also ein Perverser, der keinen Sport liebt und keine Autos und keine Popmusik, aber Stofftiere und Kröten aus Plastik. Und auch Erdbeerfrösche.

Rosa von Praunheim entwickelte 2018 für das Deutsche Theater das autobiografische Musical *Jeder Idiot hat eine Oma, nur ich nicht*; sein Stück *Hitlers Ziege und die Hämorrhoiden des Königs* war eines der Gewinnerstücke der ATT 2020.

Fürs Theater wachgeküsst hat mich Ulrich Khuon, der Intendant des Deutschen Theaters. Ich saß in seinem Büro und schlug ihm vor, ein Musical über mein Leben zu schreiben, präsentierte ihm eine halbe Seite und verschwieg ihm, dass ich meine Theatertexte zuvor an alle möglichen Dramaturgen, Theater und Verlage geschickt hatte – mit jeweils vernichtenden Rückantworten. Michael Eberth schrieb: „Das ist keine Kunst".

So konnte ich am Deutschen Theater ganz jungfräulich beginnen und hatte mit *Jeder Idiot hat eine Oma, nur ich nicht* einen großen Erfolg. Dem Intendanten schenkte ich daraufhin aus Dankbarkeit bei jedem unserer Treffen einen Plastikwurm oder eine Plastikspinne. Mein zweites Stück am Deutschen Theater hieß *Hitlers Ziege und die Hämorrhoiden des Königs*.

Nun muss ich dazu sagen, dass nicht „ich" schreibe, sondern „es" schreibt mich. Kunst ist etwas Magisches, wir sind nur das Medium. Ich sitze vor meinem Computer und es fließt nur so aus mir heraus, ähnlich wie auf der Toilette, und da ich eine Reizblase habe und nachts siebenmal raus muss, habe ich das Clo lieben gelernt. Als Schwuler sowieso, in einer Zeit, in der Homosexualität kriminalisiert war und die Clos die wenigen Treffpunkte waren, um sich heimlich zu lieben. Einmal zur Weihnachtszeit ging ich am Ernst-Reuter-Platz in Berlin auf eine unterirdische Toilette und wurde von einem Stricher bedroht. Da ich kein Bargeld dabeihatte, bot ich ihm meine Weihnachtstüten an, die er aber ablehnte.

Warum gehen Leute immer noch ins Theater? Es gab eine Zeit, da Schauspielerinnen als Huren galten. Und Opernaufführungen als Puffs. Es gab eine Zeit, in der man den Beruf des Regisseurs nicht kannte, sondern sich alles nur um einen Star gruppierte. Und es gab eine Zeit in den fünfziger Jahren, als ich mit grünen Schuhen in die Deutsche Oper ging und in der Pause den Saal nicht verlassen durfte. Das Schönste am Theater sind die Pausen, wenn man über andere lästern kann, wenn man sich über das Gesehene aufregen kann. Und das Beste am Theater ist das unsichtbare Theater, im Café, in der U-Bahn oder nachts im Park, wenn nackte Männer durch die Büsche hüpfen. Das allerschönste Theater sind Beerdigungen, wenn Leute Liebe vorgaukeln. Und das alleraller schönste Theater ist die eigene Beerdigung. Damit ich davon etwas habe, feiere ich am 16. Oktober 2023 meine eigene am Alten St.-Matthäus-Friedhof in Berlin, denn eine besoffene Wahrsagerin sagte mir einst dieses Datum voraus. Ich wäre dann kurz vor meinem 81. Geburtstag, und ich freue mich schon unbändig darauf. Bis dahin habe ich noch Zeit, viele Theaterstücke, Filme und Romane zu schreiben.

Mit einem Gedicht möchte ich schließen

Jedes Gedicht hat ein Gesicht
eines des Todes und eins der Geburt
Beide sehen gleich aus
das ist die Tragik und deshalb lieben wir das Theater

Gruß
Rosa von Praunheim

PS
Ich mache natürlich über meinem Tod hinaus weiter,
das nennt man Post Mortem Theater.

-----Ursprüngliche Mitteilung-----
Von: ██████, ██████ <██████@deutschestheater.de>
An: Rosa Von Praunheim <██████@██████.com>
Verschickt: So, 24. April 2022 18:30
Betreff: Autor:innenTheaterTexte

Liebster Rosa,
ich hoffe, es geht Dir sehr gut. Ich schreibe Dir heute mit einer Bitte:
Im Juni feiern wie hier am Deutschen Theater die 25. Ausgabe der

Autor:innentheatertage. Darauf freuen wir uns. Und ein bisschen stolz sind wir auch. Rechnet man die kommende Jubiläumsausgabe dazu, wurden seit 1995, dem Gründungsjahr des Festivals, genau einhundertelf neue Theatertexte uraufgeführt oder szenisch präsentiert. „HITLERS ZIEGE UND DIE HÄMORRHOIDEN DES KÖNIGS" war 2020 unter den Gewinnertexten. Ich bin oft da bei den Vorstellungen; die beiden spielen das immer ganz wunderbar; zart und heftig. Eine große Freude...

Wir schreiben Dir heute, weil wir uns fürs Jubiläum etwas Besonderes vorgenommen haben. Wir möchten 25 Autor:innen aus 25 Festivaljahren bitten, einen kurzen Text für eine Anthologie zu schreiben. Das Buch soll keine Chronik werden, auch kein wuchtiger Jubiläumsband mit Anspruch auf Vollständigkeit. Sondern ein Buch der Autor:innen. Wir möchten ein klein wenig zurückschauen, vor allem aber nach vorn: Wir haben viel Hoffnung, dass es auch in 25 Jahren noch, wahrscheinlich auch noch in 250 Jahren, Geschichten geben wird, und Menschen, die sie aufschreiben, und andere Menschen, die sie vorspielen, und wieder andere, die dabei zuschauen, weil sie Geschichten und das Zuschauen lieben. Diese Zuversicht würden wir gerne mit einer Publikation feiern.

Der Titel des Buchs sollte ursprünglich lauten:
„Autor:innen schreiben eine Geschichte oder ein Gedicht oder eine Szene oder eine Glosse, ein Pamphlet oder einen kleinen Text zum Thema: warum ich fürs Theater schreibe. Und was ich daran liebe. Und was ich daran hasse. Und warum Theater wichtig ist."
Aber das passt auf keinen Buchdeckel.
Deshalb gibt's im Moment einen Arbeitstitel. Er lautet...

Autor:innen
Theater
Texte

... kann sich aber noch verändern, je nachdem, was bei uns ankommt.

Es soll ein Buch über das Autor:innentheater werden. Ein Buch der Autor:innen. Ein Buch über den wichtigsten Ort der Welt. Es würde uns allen hier viel bedeuten, Dich, lieber Rosa, mit dabei zu haben.

Dürfen wir mit Dir rechnen? Das würde mich sehr freuen; uns alle!

Ich schicke Dir Grüße, besonders auch von Uli Khuon und vom ganzen Team der Autor:innentheatertage.
Herzlich //
bernd

PS: Danke für Dein Putin-Musical. Ich lese es und meld mich bald.

2019

2019

20:19

BRAND
SICHERHE

2015

2018

2014

2014

2017

2016

2016

2018

2016

2019

2010

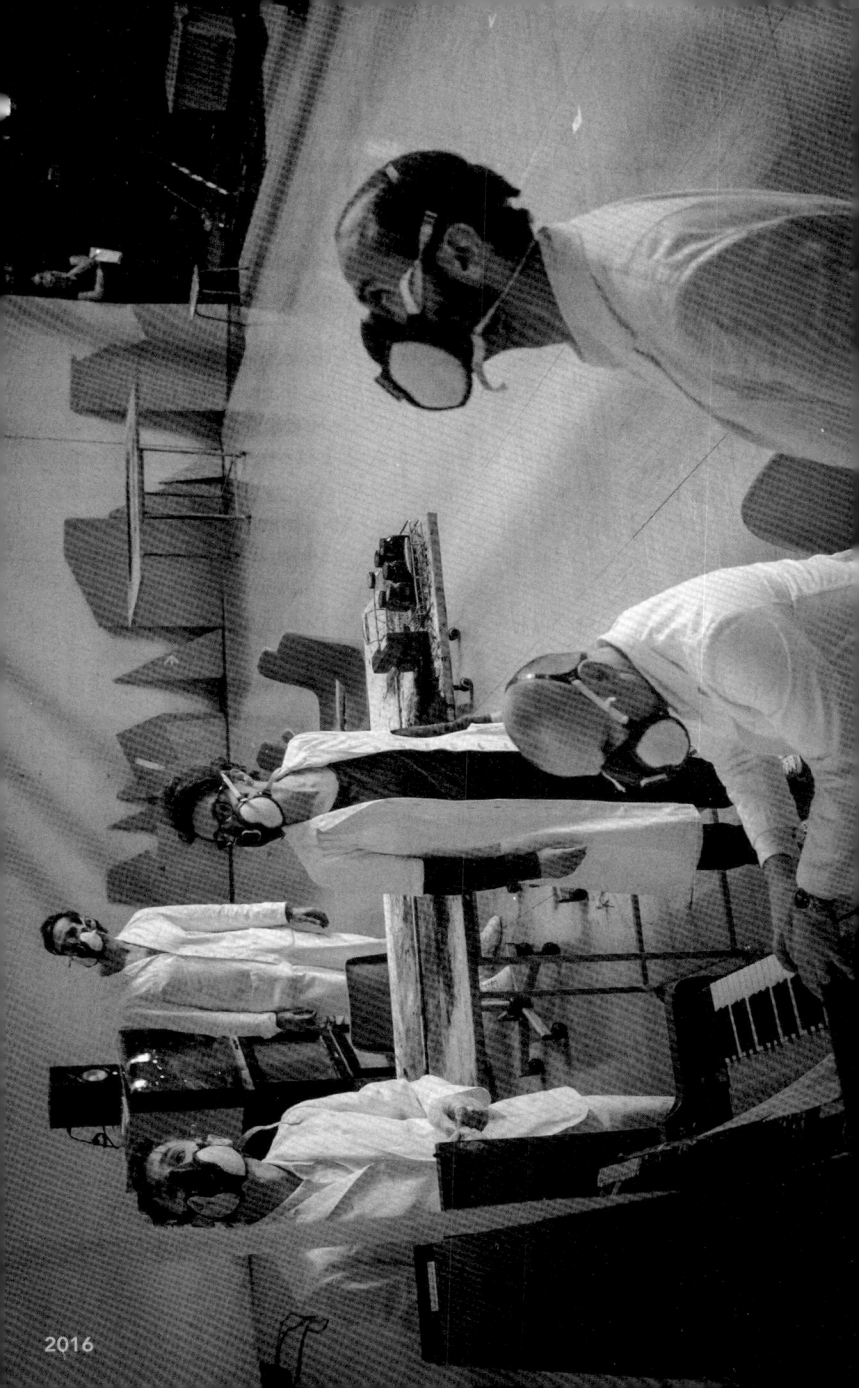

Museum des Kapitalismus

2017

HTS >

< LINKS

2017

2016

2016

HOUSE RULES

- Stick to the script
- Just READ the lines that are marked
- Don't make any jokes
- Don't do any improvisation
- This is EUROPE
- Make one mistake and you'll regret it for the rest of your life

2015

2019

2016

2014

2017

2017

2019

2020

2015

2020

Chronik

Staatstheater Hannover
1995–1999

1995
<u>Juror:</u> Robin Detje
John von Düffel *Das schlechteste Theaterstück der Welt*
D. Rust *Jennifer Klemm oder Trost und Elend der Deutschen*
Katharina Tanner *Rufst du mein Vaterland oder Swiss Christmas*
<u>Regie:</u> Maike Krause, Annette Ramershoven, Titus Selge
<u>Lesungen:</u> Chris Ohnemus *Ella und El*
Simon Werle *Der Weichselzopf*

1996
<u>Juror:</u> Reinhardt Stumm
Martin Baucks *Krumme Hunde*
Lisa Engel *Mütternacht*
Klaus Hoggenmüller *Hasentöter*
Moritz Rinke *Der graue Engel*
<u>Regie:</u> Christiane Buhre, Sybille Linke, Daniel Schelleter, Erich Sidler

1997
<u>Juror:</u> Wolfgang Höbel
Alexander Gerner *Trance. Szenen aus der Normalitätsanstalt*
Odette Hausmann *Mach nicht den Tag zur Nacht*

Albert Ostermaier *Tatar Titus*
<u>Regie:</u> Inga Helfrich, Hartmut Wickert, Martina Wrobel

1998
<u>Jurorin:</u> Petra Kohse
Rolf Kemnitzer *Herzkasperle* (später *Die Herzschrittmacherin*)
Steffen Kopetzky *Herr Krampas. Auftauchend*
Detlev Schulze *Der Aufbruch Phineus*
Roland Spranger *Tiefseefische*
<u>Regie:</u> Armin Petras, Michael Talke, Hartmut Wickert, Mark Zurmühle

1999
<u>Juror:</u> Ralph Hammerthaler
Dominik Finkelde *Atlantis*
Penelope Horn / Jeff Tapia *Frauinnen*
Anna Momber *23.28. Ein dramatischer Tango*
<u>Regie:</u> Volker Schmalöer, Michael Talke, Hartmut Wickert
<u>Lesungen:</u> Markus Veith *Rattenfass*
Melanie Gieschen *Gnadenlos*

Thalia Theater Hamburg
2001–2009

2001
<u>Jury:</u> Roland Koberg &
Wolfgang Kralicek
Soma Amos *Die Wiedergängerinnen*
Thilo Reffert *Schicht*
Almut Tina Schmidt *Phöbe*
<u>Regie:</u> **Stephan Rottkamp, Armin
Petras, Christian Schlüter**
<u>Lesungen:</u> **Carsten Brandau**
Wir tragen Schaufeln um den Hals
Daniel Mursa *Maisch/Mayeux (nach
Bayeux)*

2002
<u>Jurorin:</u> **Christine Dössel**
Andri Beyeler *the killer in me is the
killer in you*
Jan Friedhoff *Die Kinder bringen den
Müll raus*
Ulrike Syha *Autofahren in
Deutschland*
<u>Regie:</u> **Jorinde Dröse, Annette
Kuß, Nora Somaini**

2003
<u>Juror:</u> **Ensemble des Thalia
Theaters**
Nuran David Calis *Dog Eat Dog*
Jens Hollwedel *Wie ein junger Gott*
Claudius Lünstedt *Zugluft*

Farid Nagim *Der Tag der weissen
Blume*
<u>Regie:</u> **Annette Pullen, Sebastian
Schlösser, Isabel Osthues, Jorinde
Dröse**

2004
<u>Juror:</u> **Ensemble des Thalia
Theaters**
Nicola Borger *Kriegsmaschine*
Jan Liedtke *Toronto*
Gerhard J. Rekel *Macchiavellis
Masseuse*
Christine Wunnicke *Fleshcrafter*
<u>Regie:</u> **Christine Eder, Andrea Udl,
Georg Staudacher, Henning Bock**

2005
<u>Jurorin:</u> **Simone Meier**
Reto Finger *Schwimmen wie Hunde /
Hundemüde*
Anja Hilling *Protection*
Lukas Holliger *Explodierende
Pottwale*
Lothar Kittstein *In einer mondhellen
Winternacht*
<u>Regie:</u> **Dariusch Yazdkhasti, Andreas
Kriegenburg, Schirin Khodadadian,
David Bösch**

2006
<u>Juror:</u> Hubert Spiegel
Morten Feldmann *Im Sitzen.*
Versuch über die Ehrlichkeit
Andreas Jungwirth *Die schwarze*
Mamba
Stefanie Schütz und Annegret Pein
Potentielle Freunde
Polle Wilbert *Am Tag der jungen*
Talente
<u>Regie:</u> Rafael Sanchez, Andreas
Kriegenburg, Frank Abt, Jette
Steckel
<u>Lesungen:</u>
Alexandra Helmig *Leila Surana*
Simon Froehling *Fieberkind*

2007
<u>Juror:</u> Ensemble des Thalia
Theaters
Catherine Aigner *Hinter Augen*
Dorothee Brix *Entwurzelt*
Justine del Corte *Sex*
Sathyan Ramesh *Die ganzen*
Wahrheiten
<u>Regie:</u> Andreas Kriegenburg,
Simone Blattner, Felicitas Brucker,
Stephan Kimmig

2008
<u>Juror</u> Gerhard Jörder
Paul Brodowsky *Regen in Neukölln*
Anne Habermehl *Letztes Territorium*

Juliane Kann *Birds*
Philipp Löhle *Lilly Link*
<u>Regie:</u> Hasko Weber, Corinna
Sommerhäuser, Sascha Hawemann,
Jorinde Dröse

2009
<u>Ohne Jury</u>
Anja Hilling *Radio Rhapsodie*
Lukas Bärfuss *Amygdala. Vollständige*
Fragmente einer unvollständigen
Stadt
René Pollesch *JFK*
Fritz Kater, *rose – oder liebe ist nicht*
genug
<u>Regie:</u> Andreas Kriegenburg,
Stephan Kimmig, René Pollesch,
Armin Petras

Deutsches Theater Berlin
2010–2022

2010
<u>Juror:</u> Michael Althen
Carsten Brandau *Fabelhafte Familie*
Baader
Julia Kandzora *In Neon*
Laura Naumann *süßer vogel*
undsoweiter

Katharina Schmitt *Sam*
<u>Regie:</u> Rafael Sanchez, Simon Solberg, Alexander Riemenschneider, Sebastian Hartmann

2011
<u>Jurorin:</u> Elke Schmitter
Daniel Gurnhofer *Krauses Erzählungen*
Judith Kuckardt *Paradiesvögel*
David Lindemann *Getränk Hoffnung*
Mathilda Onur *Blinde Punkte, Sterne*
Julia Wolf *Ein Mädchen namens Elvis*
<u>Regie:</u> Sascha Hawemann, Alize Zandwijk, Matthias Kaschig, Lilja Rupprecht, Anne Sophie Domenz

2012
<u>Juror:</u> Tobi Müller
Nina Büttner *Schafinsel*
Sarah Tabea Paulus *Totberlin*
Charlotte Roos *Wir schweben wieder*
<u>Regie:</u> Hasko Weber, Tobias Wellemeyer, Cilli Drexel

2013
<u>Jurorin:</u> Sigrid Löffler
Uta Bierbaum *Die Schweizer Krankheit*
Matthias Naumann *Die Schwäne*

des Kapitalismus
Olivia Wenzel *Exzess, mein Liebling*
<u>Regie:</u> Sewan Latchinian, Martin Laberenz, Lily Sykes

2014
<u>Juror:</u> Till Briegleb
Remakes: Die besten 5 seit 1995
Andri Beyeler *the killer in me is the killer in you*
Anja Hilling *Protection*
Rolf Kemnitzer *Die Herzschrittmacherin*
Farid Nagim *Tag der weißen Blume*
Simon Werle *Der Weichselzopf (Lesung)*
<u>Regie:</u> Enrico Stolzenburg, Martin Laberenz, Jorinde Dröse, Stephan Kimmig

2015
<u>Jury:</u> Peter Michalzik (Vorsitz), Jorinde Dröse, Nino Haratischwili, Ulrich Mathes
Jan Friedrich *Szenen der Freiheit*
Sascha Hargesheimer *Archiv der Erschöpfung*
Nolte / Decar *Der neue Himmel*
Ferdinand Schmalz *dosenfleisch*
<u>Regie:</u> Fabian Gerhardt, Friederike Heller, Sebastian Kreyer, Carina Riedl

2016

Jury: Barbara Behrendt (Vorsitz), Wiebke Puls, Dietrich Brüggemann

Dominik Busch *Das Gelübde*

Stefan Hornbach *Über meine Leiche*

Jakob Nolte *Gespräch wegen der Kürbisse*

Regie: Lily Sykes, Nicolas Charaux, Tom Kühnel

2017

Jury: Anke Dürr (Vorsitz), Annette Paulmann, Jan-Ole Gerster

Sivan Ben Yishai *Your Very Own Double Crisis Club*

Yade Yasemin Önder *Kartonage*

Afsane Ehsandar *Welches Jahr haben wir gerade?*

Regie: András Dömötör, Franz-Xaver Mayr, Melanie Huber

2018

Jury: Bernd Noack (Vorsitz), Bettina Stucky, Saša Stanišić

Miroslava Svolikova *Europa flieht nach Europa*

Simone Kucher *Eine Version der Geschichte*

Björn SC Deigner *In Stanniolpapier*

Regie: Franz-Xaver Mayr, Marco Milling, Sebastian Hartmann

2019

Jury: Esther Boldt (Vorsitz), Valeska Grisebach, Steffi Kühnert

Lisa Danulat *Entschuldigung*

Eleonore Khuen-Belasi *ruhig Blut*

Svealena Kutschke *zu unseren füßen das gold, aus dem boden verschwunden*

Regie: Peter Kastenmüller, Clara Weyde, András Dömötör

Parcours:

Svenja Viola Bungarten *Bonn ist eine Stadt im Meer*

Caren Jeß *Bookpink*

Nele Stuhler *Gaia googelt nicht*

Einrichtung: Anna Berndt, Johann Otten, Sarah Kurze

2020

Jury: Dea Loher (Vorsitz), Nina Hoss, David Tushingham

Dorian Brunz *beach house*

Maria Ursprung *Schleifpunkt*

Rosa von Praunheim *Hitlers Ziege und die Hämorrhoiden des Königs*

Regie: Philipp Preuss, Marie Bues, Rosa von Praunheim

Parcours:

Felicia Zeller *Was bisher geschah*

Miroslava Svolikova *Staatsfragmente (Ein Königsmärchen)*

Nele Stuhler *Gaia rettet die Welt (Gaia rettet sich selbst) (oder auch: (wie alles so geworden ist) wie es ist) (bzw. dann auch noch: wie es vorher*

war und wie es zwischendurch war)
Kevin Rittberger *Blackout White Noise (wenn ihr schweigt, werden die Steine schreien)*
Bonn Park *Gut (Album)*
Milena Michalek *Das hier. Anrufungen aus der ideologischen Moderne*
Elfriede Jelinek *Blindes Sehen*
Martina Clavadetscher *Der Glassarg ist doch auch bloß ein öffentliches Bett*
Sibylle Berg *Übergabeprotokolle*
Doğan Akhanlı *Die vierte Figur*
<u>Einrichtung:</u> **Philipp Arnold, Friederike Drews, Adrian Linz, Sarah Kurze, Joanna Praml, u. a.**

2021
<u>Jury:</u> **Lukas Bärfuss (Vorsitz), Fritzi Haberlandt, Schorsch Kamerun**
Sarah Kilter *White Passing*
Amanda Lasker-Berlin *Ich, Wunderwerk und How Much I Love Disturbing Content*
Chris Michalski *When There's Nothing Left To Burn You Have To Set Yourself On Fire*
<u>Regie:</u> **Thirza Brunken, Claudia Bossard, Tom Kühnel**
<u>Lesung:</u>
Patty Kim Hamilton *Peeling Oranges*
<u>Einrichtung:</u> **Salome Dastmalchi**
<u>Autor:innenatelier:</u> **Milena Michalek, Fiston Mwanza Mujila,**

Maria Ursprung, Thomas Perle, Nele Stuhler

2022
<u>Jury:</u> **Ferdinand Schmalz (Vorsitz), Julischka Eichel, Christiane Rösinger**
Paula Thielecke *Judith Shakespeare – Rape and Revenge*
Raphaela Bardutzky *Fischer Fritz*
Alexander Stutz *Das Augenlid ist ein Muskel*
<u>Regie:</u> **Christina Tscharyiski, Enrico Lübbe, Jorinde Dröse**
<u>Lesungen:</u>
Milena Michalek, Fiston Mwanza Mujila, Maria Ursprung, Thomas Perle, Nele Stuhler *Ein altes Haus voll Leidenschaft*
Amir Gudarzi *Wonderwomb*

Copyright © 2022 Deutsches Theater Berlin
Alle Rechte vorbehalten
ISBN 978-3-89581-593-5
Printed in Germany (May) 2022

Herausgeber: Deutsches Theater Berlin
Schumannstr. 13a, 10117 Berlin
Intendant: Ulrich Khuon
Geschäftsführender Direktor: Klaus Steppat
Redaktion: Bernd Isele
Autor:innentheatertage: Bernd Isele, Franziska Trinkaus
Gestaltung: Julia Kuon
Fotos: Arno Declair
Lektorat: Dramaturgie und Kommunikation des Deutschen Theaters
© Texte: bei den Autor:innen
© Fotos: Arno Declair
www.deutschestheater.de

Vertrieb im Buchhandel durch den
Alexander Verlag Berlin
Fredericiastr. 8, 14050 Berlin
info@alexander-verlag.com | www.alexander-verlag.com

Druck: Elbe Druckerei Wittenberg
Redaktionsschluss: 11. Mai 2022
Auflage: 2000 Exemplare